わかる！できる！
図解
問題解決の技法

髙橋　誠
【著】

日科技連

まえがき

　問題解決技法の本は、本屋さんに行くと山ほどあります。私も何冊か出しました。でも、どうでしょう。問題解決技法は、創造の仕組み、思考の仕方や、問題解決手順など、問題解決技法の基本の考え方を理解しないと、まともには身につかないと思います。つまり、問題解決技法を学ぶには「創造的な問題解決の体系的な理解」が、まず必要です。

　そこで、本書を企画しました。本書のベースになったのは、私の書いた『問題解決手法の知識』（日経新書）です。この本は、初版が 1984 年と 30 年以上も前に出版されたものです。何度も改訂版が出され、おかげさまで 15 万部ほど発行され、現在でも売れています。これは、私の 77 冊の著作の中でもロングセラーの一冊です。

　この本が好評でしたので、同じく日本経済新聞社より、『速攻！ビジネス発想法』というビジュアル版のムック本を 2004 年に出版しました。そして 2006 年には、日科技連出版社より、このムック本の後継版として『図解！ 解決力』を出版していただきました。さらに、今回は、この改訂改題版として本書が刊行されます。

　私は日科技連出版社の『新編 創造力事典』の編著者です。これは日本での本格的な創造学の理論書として版を重ね、数多く引用されています。創造性についてじっくり学びたい方はぜひご一読ください。

　本書は、初心者にもわかる「問題解決技法の入門書」として企画しました。そこで、各技法の解説を原則として 4 ページにし、事例も入れながら図解も充実させることで、「創造的な問題解決に関する理論と実践を網羅した、体系的でわかりやすい問題解決技法の本」をめざしました。また、創造性の内外の研究も取り上げ、特に技法を詳細に解説しま

した。さらに、ビジネスと創造性の関連も論じ、図解によりいっそう理解しやすい本にしました。ぜひ気楽にお読みいただければと思います。

私は研究者としては、日本創造学会という日本唯一の創造性研究者の学会に発足以来から関わり、理事長・会長を経て現在も理事です。最重要な研究テーマは「問題解決技法」で、本書の内容そのものです。

実践家としては、㈱創造開発研究所という日本唯一の創造性研究と教育・実践のコンサルタント会社の代表として、長年、数多くのトップ企業に創造戦略を支援する仕事をしてきました。創造性教育は約2000の企業や団体、20万人以上の方々に実施してきました。また、ネーミング開発のパイオニアとして、「BIG EGG」「ゆうパック」「かもめ〜る」「TOSTEM」など300以上のネーミング開発も行っています。

少し自慢させていただければ、創造学という学問と創造性開発という実務の両方に通じた者と自負しています。これらの経験から、「本書を単なる技法の本から、理論と実践を両方兼ねたものに」と考えました。

本書は、数多くの創造性研究者や問題解決技法の開発者たちのお力、そして日本創造学会の先輩や仲間の研究成果をもとに作成されたものです。これら多くの関係者の方々にお礼申し上げます。

また、本書の土台になった『問題解決手法の知識』や『速攻！ビジネス発想法』の2冊を上梓していただいた日本経済新聞社にお礼申し上げます。そして本書の出版に尽力くださった戸羽節文社長をはじめ、日科技連出版社のみなさま、どうもありがとうございました。

最後に、さまざまな協力をしてくれた事務所の面々、校正などに内助の功を発揮した妻「るり」、そして執筆への意欲をくれた、かわいい息子の「創(つくる)」にも感謝したいと思います。

2019年8月

髙橋　誠

目　　　次

まえがき……………………………………………………………………… 3

第１章　創造的な問題解決は「問題意識」から……………………… 9

1.1　問題とはそもそも何かを考えよう　**10**

1.2　問題は発生する前に発見すべき　**12**

1.3　問題意識なくして解決はない　**14**

1.4　創造力の発揮をジャマする「３つのブロック」がある　**16**

1.5　問題解決に創造性は欠かせない　**18**

第２章　創造的問題解決の「手順と思考」…………………………… 21

2.1　創造的な問題解決における個人の発想手順　**22**

2.2　創造的な問題解決における集団の発想手順　**24**

2.3　アメリカの思考心理学者ギルフォードの「頭脳モデル」　**26**

2.4　創造思考での「発散思考」と「収束思考」の使い分け方　**28**

2.5　問題把握ステップでは徹底した情報収集が大切　**30**

2.6　課題解決ステップでのアイデア発想と評価の仕方　**32**

第３章　問題解決に活用する「創造技法の４分類」…………………… 35

3.1　創造技法は４種類に分類される　**36**

3.2　「発散技法」は、発想する時に用いる技法　**38**

3.3　「収束技法」は、まとめる時に活用する技法　**40**

3.4　「統合技法」と「態度技法」はどんな技法か　**42**

3.5　創造的問題解決の各ステップで使うデータと技法は異なる　**44**

第４章　発散技法の基本は「自由連想法」……………………………… 47

4.1　ブレインストーミング法は発散技法の母　**48**

4.2　カードBS法は、後処理が便利なブレインストーミング法　**52**

4.3　ブレインライティング法は沈黙の集団発想法　**56**

4.4　カードBW（ブレインライティング）法はまとめがすぐできる発想法　**60**

4.5　欠点列挙法・希望点列挙法は解決の糸口を発見する技法　**64**

第5章　強引に何かに結びつけて発想する「強制連想法」……………　**69**

5.1　特性列挙法は特性ごとにアイデアを出す発想法　**70**

5.2　チェックリスト法は発想リストで強制的に発想する技法　**74**

5.3　マトリックス法は発想の切り口を絞り込む技法　**78**

第6章　似たものをヒントに発想する「類比発想法」………………　**83**

6.1　シネクティクスはアメリカ生まれの類比発想法　**84**

6.2　ゴードン法は真の課題を隠して発想する技法　**88**

6.3　NM法は日本生まれの使いやすい類比発想法　**92**

第7章　アイデアやデータのまとめは「収束技法」と「統合技法」で……　**97**

7.1　特性要因図法は問題の原因を発見する技法　**98**

7.2　KJ法は日本の代表的な収束技法　**102**

7.3　ブロック法は大量データを即時に処理する技法　**106**

7.4　クロス法は収束と評価を一挙に行う技法　**110**

7.5　ストーリー法は文章やスピーチのまとめに最適な技法　**114**

7.6　カードPERT法は手軽にできる計画技法　**118**

7.7　持ち点評価法はスピーディに結論を出せる評価技法　**124**

7.8　ハイブリッジ法は発散と収束を一挙に行う「統合技法」　**126**

第8章　発想からプレゼンまでの「企画ステップ成功術」……………　**131**

8.1　アイデア探しはインターネットと書店や人脈から　**132**

8.2　現代人の「考場」と「発想時間」を考える　**134**

8.3　情報収集・整理の3原則「規即集」と「企具」を考える　**136**

8.4 発想を即座に上手にメモできる「企具」の活用法　**138**

8.5 オリエンテーションから企画書作成までのポイント　**140**

8.6 企画をプレゼンテーションでガッチリ通す秘策　**142**

第9章　創造的問題解決ができる「人と企業の創り方」⋯⋯⋯⋯⋯ **145**

9.1 創造型人間は「＋(プラス)タイプ」で「四考力」をもつ　**146**

9.2 創造型人間になるには人脈を広げ、生情報を集める　**148**

9.3 集団創造を成功させる「5つの条件」　**150**

9.4 集団創造チームに欠かせない「リーダーとメンバーの条件」　**152**

9.5 創造型企業に変革させる「CREATE の6つの条件」　**154**

9.6 創造型企業は「創造性開発」を重視する　**156**

参考文献⋯⋯⋯⋯⋯⋯⋯⋯⋯⋯⋯⋯⋯⋯⋯⋯⋯⋯⋯⋯⋯⋯⋯⋯⋯⋯ **158**

第 **1** 章

創造的な問題解決は「問題意識」から

　未知の問題の解決、つまり創造的な問題解決の第一歩は、まず問題そのものと対決する意欲をもつことです。そして、問題意識を明確にもち、創造的な問題解決をめざすことが大切です。

　本章では、創造的な問題とそうでない問題の違いを論じ、次に創造的な問題解決に最も重要な「問題意識」を論じます。そして、創造性の阻害条件を考え、最後に創造性の重要性について解説します。

1.1 問題とはそもそも何かを考えよう

1 問題とは「期待と現状とのギャップ」である

　私たちは、毎日さまざまな問題に出会います。「社員のやる気がない」など仕事の問題から、「英語レッスンの時間がとれない」など私的な問題に至るまで、毎日が新たな問題との出会いの日々といえます。

　アメリカの著名な経営学者ケプナーとトリゴーは、「問題とは、期待された業績基準からの逸脱」と定義づけました。つまり「問題とは、期待と現状とのギャップ」です（『新・管理者の判断力』産能大学出版部）。

　そこで、問題解決とは、現状を期待に変えることです。「期待」には、ゴールが明確な「目標」の場合も、不明確な「願望」もあります。

2 問題には「唯一解」と「多数解」がある

　ミンスキーという学者は、問題は「明確に規定されている問題」と、「明確に規定されていない問題」に分かれるといいます。

　大学入試の試験問題や、知能テストの問題などは、答えは唯一のものが多く、「明確に規定されている問題」といえます。一方、私たちが会社や家庭などで直面する問題は、後者のタイプのものがほとんどです。**つまり「問題には、唯一解と多数解がある」といえます。**

　ルーティンワークの仕事は、マニュアルどおりやるかどうかが大切です。「デジカメが動かない」の原因が電池切れなら、マニュアルを読めば解決できる唯一解の問題です。一方、「デジカメの有効利用法」なら、「工場の問題箇所を写す」「繁盛店を撮って自店の改善に活かす」など、答えがいろいろある多数解の問題です。本書は創造的な問題解決の本ですから、取り上げる問題は当然、多数解の問題になります。

図1-1 問題解決とは、現状と期待とのギャップを埋めること

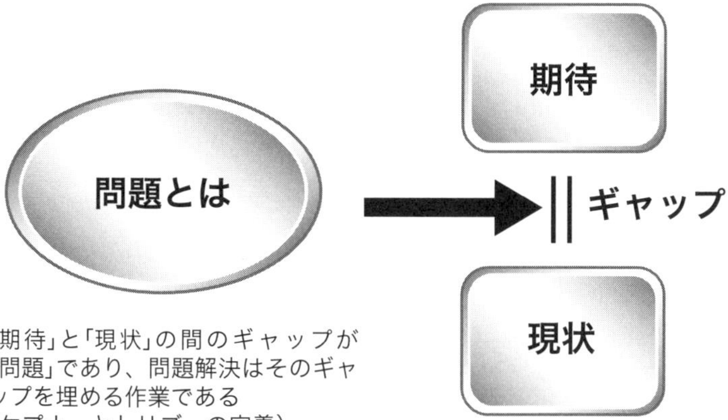

期待

問題とは

ギャップ

現状

「期待」と「現状」の間のギャップが
「問題」であり、問題解決はそのギャ
ップを埋める作業である
（ケプナーとトリゴーの定義）

図1-2 創造的問題解決とは、多数解型の問題を解決すること

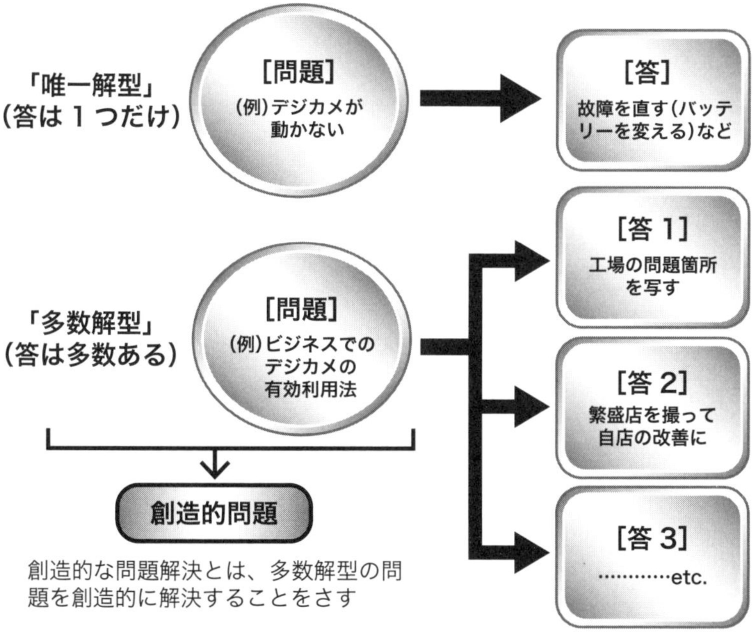

「唯一解型」
（答は1つだけ）

[問題]
（例）デジカメが
動かない

[答]
故障を直す（バッテ
リーを変える）など

「多数解型」
（答は多数ある）

[問題]
（例）ビジネスでの
デジカメの
有効利用法

[答1]
工場の問題箇所
を写す

[答2]
繁盛店を撮って
自店の改善に

創造的問題

[答3]
…………etc.

創造的な問題解決とは、多数解型の問
題を創造的に解決することをさす

第1章　創造的な問題解決は「問題意識」から

1.2
問題は発生する前に発見すべき

　私は仕事柄、さまざまな組織の多様な部門の方とよく話します。その方が優秀かどうかは、その方が自分の仕事の問題点を的確にとらえているか否かでわかります。「うちにはとりたてて問題はないですね」という方のいる企業は、ほぼ例外なく問題の多い企業です。「一番切実な問題はこれで、ここがポイントです」と明確に重点を指摘できる、「問題発見」能力の高い方のいる企業ほど問題が少ないのです。

1 問題には「発生型」と「発見型」がある

　問題は発生の仕方により、発生型と発見型に分かれます。「問題は発見されれば解決は近い」のですから、なるべく発見したいものです。

　「発生型問題」の典型的なものは、ほとんど予測不可能な大地震などです。一方、「発見型問題」というのは、予測型問題とでも名づけられるもので、事前に発見可能なものをさします。問題解決者にとってまず大切な能力は「問題発見力」といえます。発生型問題でも、優秀な問題解決者にかかれば、発見型の問題になりえるからです。

2 問題に対する「感受性」を養え

　問題を発見するには、予測力が大切です。予測に必要なのは「何かありそうだ」といった"感じる力"です。アメリカの心理学者ギルフォードは、「創造力のある人」の素質の第1番目に「問題への感受性」をあげており、「創造型人間」は「予測力のある人」ともいえそうです。

　未来に起こる問題は、ほとんどが現在の中に隠されています。われわれは問題を、現在の現象の中から、できる限り早く見つけ出すよう努力すべきです。問題の発見こそ、問題解決にとって何より大切だからです。

図1-3 問題の2種類「発生型と発見型」

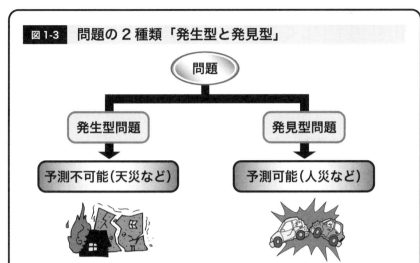

優秀な問題解決者は、時に予測不可能な発生型問題を発見型問題に変えることもできる

図1-4 ギルフォードの「創造型人間の6要素」

6要素	英語	内容
1 問題への感受性	Sensitivity to Problem	何が問題であるかに気づき、重要なヒントを見逃さない感覚
2 思考の流暢さ	Fluency	思考を素早く働かせ、短時間で多くの発想ができる力
3 思考の柔軟さ	Flexibility	一面的でなく、さまざまな観点から広く発想できる力
4 思考の独自さ	Originality	当たり前のものでなく、新しく、他とは異なったものを発想する力
5 再構成する力	Redefinition	さまざまな情報を見直し、結びつけて新たに定義づけ、構成できる力
6 具体化する力	Elaboration	抽象的なものではなく、具体的で実現可能なものを考え出せる力

第1章 創造的な問題解決は「問題意識」から

1.3
問題意識なくして解決はない

　誰にも一日が 24 時間あるように、誰もが創造型人間になる可能性が
あります。創造型人間に欠かせない資質は、まずは「問題意識」です。

1　問題意識が大発見を生んだ

　ノーベル賞のダブル受賞で日本中が沸いたのが 2002 年です。中でも
田中耕一さんは、平凡なサラリーマンということで大変話題になりまし
た。田中さんのノーベル賞は「ソフトレーザー脱離イオン化法」に対し
てです。彼は実験で、金属微粉末はアセトンに溶かして使うのに、グリ
セリンに溶かしてしまいました。しかし捨てるのはもったいないと、そ
のままレーザーを当て測定値をずっと観察しました。その結果、高分
子の質量分析を可能にする現象を発見できたのです。「偶然の発見」は
「セレンディピティ」といわれます。確かにこれは偶然の発見かもしれま
せんが、田中さんが粘り強く問題意識をもち続けたからこその発見です。
　同じものを見ても、問題意識がある人の反応は決定的に異なります。
解決のヒントを見つけるには問題意識をもつことが欠かせません。

2　固定観念を打ち破れ

　問題発見のためには、「固定観念の打破」が大切です。固定観念をな
くせば"フェルトペン"をローソクに、ホッチキスを壁に紙を留める画
びょうがわりに、使えることに気づきます。人に対する固定観念も多く
見受けられます。私たちはつい、あの人は学校の先生、あの人は警察官
と、その人の人柄よりも職業に対してレッテルをはってしまいがちです。
　問題解決にとって、この固定観念はジャマものです。何より「固定観
念を打ち破って、モノを見直す」という姿勢を忘れてはなりません。

図1-5　強い問題意識から大発見した例

人物	問題意識	大発見
アイザック・ニュートン	重力の研究を極めたい	落下するリンゴを見て、「万有引力の法則」発見の重要なヒントを得た
アルキメデス	不規則形の王冠の体積をどう計算するか	浴槽からあふれ出た湯を見て、「アルキメデスの原理」を発見した
ガリレオ・ガリレイ	脈拍とランプの揺れ1往復の時間は同じではないか	ランプの揺れを見て、「振り子の等時性」を発見した
アルフレッド・ノーベル	液体ニトログリセリンを爆発させずに運べないか	ニトログリセリンがケイソウ土にしみ込むのを見て、「ダイナマイト」を発想した
アレキサンダー・フレミング	ブドウ状球菌研究のため、培養を成功させたい	培養したブドウ状球菌がアオカビで溶けるのを発見、それから「ペニシリン」を抽出した

図1-6　固定観念を脱した身近な商品の新用途

商品	本来の用途	新しい用途
フェルトペン	筆記具	Tシャツにイラストを描く
ホッチキス	書類留め	壁に紙を留める
ドライヤー	髪をかわかす	濡れたズボンをかわかす
歯ブラシ	歯を磨く	クシの汚れをとる
セロハンテープ	紙を留める	指紋をとる

第1章　創造的な問題解決は「問題意識」から

1.4
創造力の発揮をジャマする 「3つのブロック」がある

　われわれが「固定観念」をもつのには訳があります。アメリカのアーノルド博士は、固定観念のことを「思考のブロック」と呼んでいます。この博士の考え方は、「3つのブロック」にまとまります。

　それは「感覚のブロック」「知性のブロック」「感情のブロック」です。

(1)感覚のブロック

　われわれの感覚器官はそもそも物事を選んで認知します。満員電車で友人と話していても相手の言うことはよく聞こえます。しかし、もしICレコーダーで録音したら、ひどい騒音でまず録音は不可能でしょう。実は、目も耳も「選択的知覚」をしています。ですから、見たもの、聞いたものが、必ずしもすべてを正しくとらえてはいないのです。

(2)知性のブロック

　従来のフィルムの大メーカーはコダックもアグファも、デジカメの進出に遅れ倒産しました。しかし、いち早く進出した富士フイルムだけはデジカメ市場で健闘しています。専門分野のフィルムに執着しなかったから、なし得たのです。一方、新発見、新発明を素人が行うことがよくあります。素人はその道を知らないので常識はずれができるのです。

(3)感情のブロック

　われわれ人間は基本的には保守的です。人と違ったことはなかなかできないものです。心理学者のアッシュ博士の実験によれば、間違いだとわかっているのに他のすべての人が反対を唱えると、4人に1人しか正しい答えをしませんでした。このようにわれわれは感情の動物であり、人と同調しやすい習性をもっています。

　創造的であろうとするなら、われわれには、このような固定観念があり、そこから脱するべきだということを、よく理解することが大切です。

図1-7 創造性の発揮をジャマする「3つのブロック」

3つのブロック	内容	例
1 感覚のブロック	われわれの感覚器官は選んだものだけを認知している。澄んだ意識で物事を見ることが重要	・好きな人しか目に入らない ・興味のある新聞記事しか覚えていない
2 知性のブロック	知っていることがかえって創造の邪魔になる。素人の素直さが大切	・酸化鉄カイロに旧来のカイロメーカーは参入できなかった ・タイプライターメーカーはワープロを考えられなかった
3 感情のブロック	人間関係を気にしたり、自分の感情におぼれたりして判断を間違うことがある	・上司のいうことがおかしいと思っても従ってしまう ・多数の意見が正しいと考えてしまう

感覚のブロック

感情のブロック

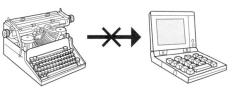

知性のブロック

第1章 創造的な問題解決は「問題意識」から

1.5
問題解決に創造性は欠かせない

1　創造性とはいったい何か

　私は日本創造学会の会員に「創造とは何か」とたずね、83名から回答をえました。これをヒントに、私は創造を以下のように定義づけました。

「創造とは、問題を把握し、異質な情報群を組み合わせ、統合して解決し、社会や個人レベルで、新しい価値を生むこと」

　この定義のポイントは3つです。

　第1は、「創造は情報がもとになる」ということです。ここで情報とは自分の知識や経験(内部情報)と書物や見聞した事柄など(外部情報)です。

　第2は、これらの「情報を組み合わせ統合する」ことです。

　第3は、「社会や個人レベルで新しい価値を生む」ことです。

アブラハム・マスローという心理学者は、創造性を**「自己実現の創造性」**と**「特別才能の創造性」**の2つに区分しました。子どもの創造は、大人からみればチャチでも、子どもには新しい価値です。誰にも固有の創造性があり、個人レベルでも新しい価値を生めば創造といえます。

2　創造性は全人格的なもの

「創造性」は「創造力(創造的能力)」と「創造的人格」から成り立ちます。

　まず「創造力」は、知能と対置する能力です。その違いを一言でいえば、知能テストの答えは1つですが、創造力テストの答えは多数です。

　そして「創造性」には、性格、態度といった人格的なものも含まれます。創造力があってもそれを実現できる人格でなければ、創造性があるとはいえません。問題発見力、問題解決力などの創造力に加え、解決に向け粘り強く挑戦する態度などの、創造的人格が欠かせません。

第1章 創造的な問題解決は「問題意識」から

図1-8 創造性の私の定義

定義	創造性研究の領域
問題を把握し	問題提起／問題意識
異質な情報群を組み合わせ	情報収集／創造思考
統合して解決し	解決手順／創造技法
社会や個人レベルで	創造性教育／天才論
新しい価値を生むこと	評価技法／価値論

図1-9 創造性は全人格にかかわる

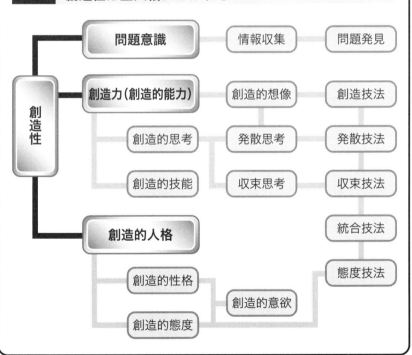

第 **2** 章

創造的問題解決の「手順と思考」

　創造的な問題解決には基本的な「手順」と「思考」があります。手順は、個人発想では「熟考→あたため→ひらめき→検証」、集団発想では「問題設定→問題把握→課題設定→課題解決→総合評価」などの流れです。そして、手順では問題把握と課題解決を、思考では発散思考と収束思考を分けて行うことが重要です。

　本章では創造的な問題解決をどう進めたらよいか、手順と思考とともに、基本的なルールも解説します。

2.1
創造的な問題解決における
個人の発想手順

1 問題解決には個人でも集団でも基本の手順がある

　創造的な問題解決には基本の手順をふまえることが大切です。図2-1で最初の3つは個人発想の、後の3つは集団発想の手順です。

　個人と集団の手順の違いは、プロセスが単純か複雑かどうかです。つまり、個人発想は発想に重点が置かれますが、集団では問題解決の全体の流れを、集団の各自がしっかり理解することが大切だからです。

　集団発想にアメリカの創造教育財団の「手順論」がありますが、問題解決は段階ごとに「発見」を行うことだ、という思想が流れています。

2 個人の発想手順の代表は「ワラスの4段階説」

　個人の発想手順で最も有名なのは「ワラスの4段階説」です。

1. **段階「準備」**：直面する問題の多様な情報を集め、多角的に分析し、「課題を徹底して考える」ことで、「熟考」することといえます。

2. **段階「あたため」**：徹底して考えたら、焦って短絡的な解決策を出すな、卵を温めるようにジックリ熟成を待て、という意味です。徹底的に意識・思考をすると、その痕跡は脳の奥底、古い皮質に沈み、情報を探します。「あたため」とは、この無意識思考の状態をさします。

3. **段階「ひらめき」**：そして、問題と古い皮質にある一見関係ない情報や外部の情報がパッと結びつく「ひらめき」の瞬間が訪れます。

　アルキメデスは、シラキュース国王から「金の王冠が純金か調べよ」と命じられ、公衆風呂であの有名な原理「物体を液体の中に入れると、その物体が排除した液体の重さだけ軽くなる」原理を発見しました。

4. **段階「検証」**：最後はアイデアの可能性を「検証」することです。

22

図2-1 問題解決手順の個人と集団の手順

個人発想の解決手順			集団発想の解決手順		
1 G・ワラス	**2** J・ヤング	**3** A・F・オズボーン	**1** J・E・デューイ	**2** H・R・ビュール	**3** アメリカ・創造教育財団
1. 準備（熟考） 2. あたため 3. ひらめき 4. 検証	1. 資料集め 2. 資料のそしゃく 3. あたため 4. アイデア誕生 5. アイデアの具体化	1. 方針決定 2. 準備 3. 分析 4. 仮説 5. あたため 6. 総合 7. 検討	1. 問題の発見 2. 問題の明確化 3. 解決発想 4. 仮説設定 5. 仮説検証	1. 認識する 2. 定義する 3. 分析する 4. 総合する 5. 評価する 6. 提出する	1. 事実発見 2. 問題発見 3. アイデア発見 4. 解決案発見 5. 適応策発見

図2-2 個人発想の「ワラスの4段階説」

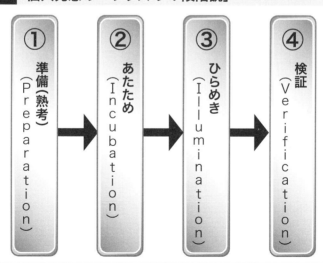

① 準備（熟考）（Preparation） → ② あたため（Incubation） → ③ ひらめき（Illumination） → ④ 検証（Verification）

第2章 創造的問題解決の「手順と思考」

2.2 創造的な問題解決における集団の発想手順

1 集団発想の「髙橋式創造的問題解決の手順」

私が提唱する集団発想での創造的な問題解決の手順を説明します。

1. **問題設定**：テーマは「コミュニケーションが悪い」ではなく「重要情報が上に伝わらない」など、絞り込むべきです。

2. **問題把握**：問題に関連する事実や原因を洗い出し、徹底的に分析します。しっかりと問題の核心をとらえるのです。

3. **課題設定**：問題の核心をとらえたら、解決課題を決め、到達ゴールと評価基準を含んだ、解決すべき目標を明確にします。

4. **課題解決**：解決に有効なアイデアを発想し、それらを評価し、具体化するステップです。まず構想計画を立て、続いて個別の具体計画をまとめ、実行の手順計画を考えて解決策とします。

5. **総合評価**：解決策の実現性や独自性の総合判断をします。

6. **解決行動**：決定した解決策を素早く実施します。

2 創造的問題解決アプローチには「現状型」と「理想型」がある

創造的な問題解決のアプローチには、現状の問題点を探り解決をはかる「現状型アプローチ」と、理想状況を設定し、理想と現状とのギャップをなくして解決をはかる「理想型アプローチ」の２つがあります。

現状型アプローチでは、問題把握の場面で問題に関する事実を集めて「現状分析」をし、原因を探り出します。一方、理想型アプローチでは、問題が解決された「理想状態」をまず想定し、現状を分析し、そのギャップをなくすために実現可能な目標を設定し、解決策を考えます。

今後は、理想型アプローチがいっそう重要視されてくるでしょう。

図2-3 集団発想の「髙橋式創造的問題解決の手順」

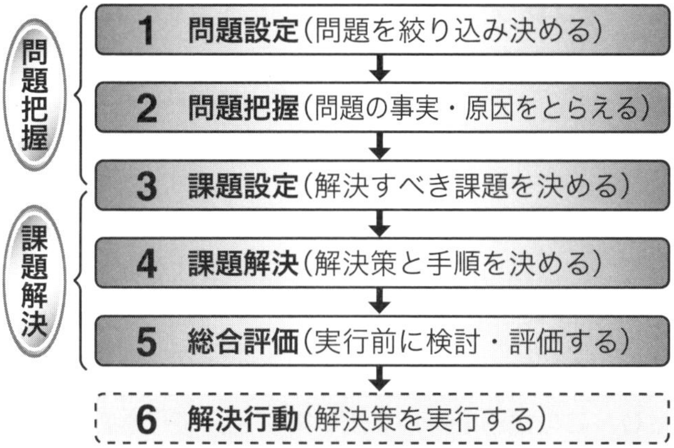

問題把握
- **1** 問題設定（問題を絞り込み決める）
- **2** 問題把握（問題の事実・原因をとらえる）
- **3** 課題設定（解決すべき課題を決める）

課題解決
- **4** 課題解決（解決策と手順を決める）
- **5** 総合評価（実行前に検討・評価する）

- **6** 解決行動（解決策を実行する）

図2-4 創造的問題解決アプローチの「現状型」と「理想型」

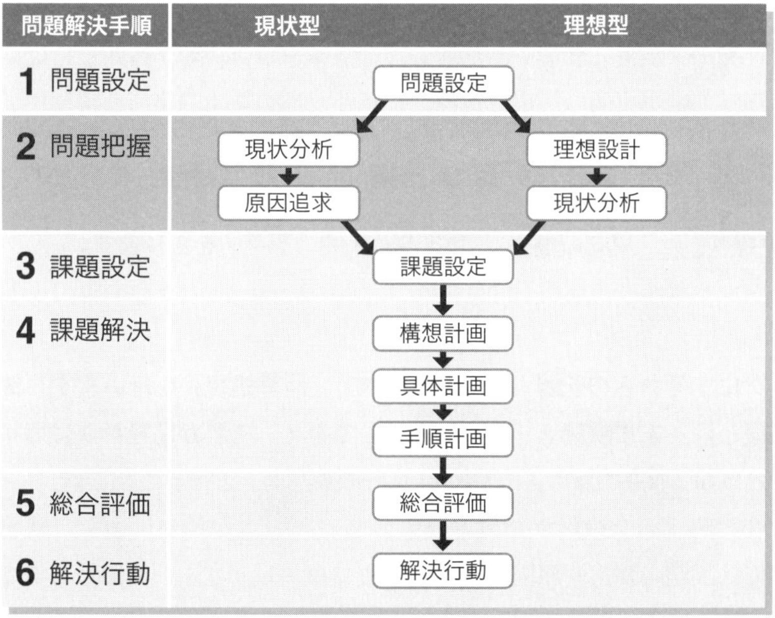

問題解決手順	現状型	理想型
1 問題設定	問題設定	
2 問題把握	現状分析 → 原因追求	理想設計 → 現状分析
3 課題設定	課題設定	
4 課題解決	構想計画 → 具体計画 → 手順計画	
5 総合評価	総合評価	
6 解決行動	解決行動	

2.3 アメリカの思考心理学者 ギルフォードの「頭脳モデル」

1　ギルフォードは、頭脳が「情報」を「操作」し「所産」を生むとした

手順の次は思考です。問題解決思考はむろん脳がします。アメリカで最も著名な思考心理学者はJ・P・ギルフォードです。彼は米国心理学会会長として多大な実績を残し、創造性の重要性を強く主張しました。

ギルフォードは『人間の頭脳は、各種の「情報」を用い、それらを「操作」して、何らかの「所産」を産む「情報の収集・処理器官」である』と規定し、この頭脳モデルを用いて、世界で最も普及した知能テストを作成し、創造性テストを考案しました。

頭脳モデルの「情報」には、視覚的、聴覚的、行動的なものなどが含まれます。これらの「情報」を「思考(操作)」した結果、「所産」つまりプロダクツが生まれます。たとえば、情報を単位、類、体系などにまとめたり、情報を他の情報に変換して新たなものを生み出します。

2　思考(操作)は「認知・記憶・発散・収束・評価」に分かれる

「操作」は「頭脳の働き」、つまり「人間の思考」をさします。

人は感覚器官を活用して、見たり、聞いたり、さわったりして、ものを「認知」し、そしてそれらを脳に「記憶」する「情報収集」を行います。

次に、それらの記憶などを利用して、「情報処理」を行います。情報処理とは、まず課題を「発散的思考」で考え、それが問題解決に適するかどうか「収束的思考」と「評価」の「収束思考」を行うことです。

問題解決の全段階で発散と収束の2つの思考が使われます。問題把握では問題の事実や原因を、課題解決ではアイデアを「発散思考」で出し、そして各段階でそれらをまとめる「収束思考」を行います。

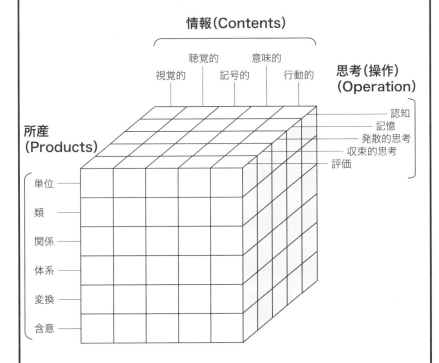

2.4 創造思考での「発散思考」と 「収束思考」の使い分け方

1 創造思考では「発散思考」と「収束思考」を分けて使う

「発散思考」は、事実の発見や発想のための拡散思考で、「収束思考」は、重要な原因を絞り込み、解決策にまとめる集中思考です。

この2思考は性格が違うのに、一緒に使いがちです。しかし**創造思考では「発散時は発散のみ、収束時は収束だけ」と分けるべきです。**

たとえば、宴会の企画で、「会場はいつもの飲み屋」と考えたとします。すると「新鮮味がない、他にないか」とすぐ評価します。私は、この思考方式を**「1本釣り思考」**と呼んでいます。1回1回餌をつけ、当たりを調べるのでは効率が悪く、ダメ、ダメとやると気が滅入ります。

2 発散思考では「5つのルール」で、300アイデアを出せ

発散思考の時は「地引網思考」で、思いつきをドンドン出し、評価は後回しにすべきです。そうすれば宴会を「屋形船で」「公園で」などおもしろいアイデアが出るでしょう。発想の時は発散思考に徹しましょう。

私は、「発散思考の5ルール」として「①判断延期」「②自由奔放」「③大量発想」「④広角発想」「⑤結合発展」をあげています。

このルールを使うと、使わない時より発想の量も質も約30%高まるという研究もあります。発想時にはぜひこのルールを使いましょう。

私の会社はネーミングの会社でもあります。ネーミング発想では1,000ものアイデアを出すのは珍しくありません。しかし1,000出しても、使えるアイデアは3つ程度。**つまり300のアイデアから1つほどしか採用されないのです。私はこれを「300分の1法則」と名づけています。**発想の時は大量発想が大切なのです。

図 2-7　発散思考は「1 本釣り思考」でなく「地引網思考」で

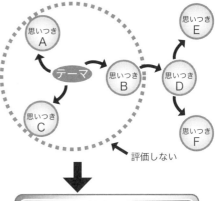

■1 本釣り思考
すぐに評価
すぐに評価
思いつき A
思いつき B
ダメだ
テーマ
ダメだ
ダメだ
思いつき C
すぐに評価
評価する
これでは狭い範囲の思いつきしか出ない
■地引網思考
思いつき A
テーマ
思いつき B
思いつき C
思いつき D
思いつき E
思いつき F
評価しない
これなら枠からはずれ、アイデアが大きく広がる

図 2-8　発散思考の「5 つのルール」

①**判断延期**（良い悪いの判断をすぐに下さない）
②**自由奔放**（奇抜、ユニーク発想を大歓迎する）
③**大量発想**（まずは数多く、質を考えず出す）
④**広角発想**（多角度に広い範囲から発想する）
⑤**結合発展**（他の発想と結びつけて発展させる）

＊この「発散思考の 5 つのルール」は、オズボーンのブレインストーミングの 4 つのルールに私が「広角発想」のルールを加えたもの

2.5 問題把握ステップでは　徹底した情報収集が大切

1 情報集めは「多角・定性・間接」を心がける

　問題解決手順の「問題把握ステップ」では、事実と原因を集めます。ここでは、問題に関係するあらゆる事実と原因を集めることが大切です。

　文化人類学者の川喜田二郎さんは、情報集めは「①多角的、②定性的、③間接的」の３つがポイントといいます（『続・発想法』中央公論新社）。問題に関係あるものを「多角的」に、定量的なものばかりでなく「定性的」な事実も、そして直接関係ある事実だけでなく「間接的」なもの、「気になる」ものまで幅広く集めよ、ということです。

　手品の答えはマジシャンの手や顔ではなく、背中や足の下などに隠されています。図2-10の「9点つなぎ」も同じで、つい9点で囲まれた四角を意識し線を結ぼうと考えがちです。しかし、答えは線を四角からはみ出させないと見つかりません。情報を探すのも同様で、頭を多角的に広げ、さまざまな推測を働かせて集めることがとても大切です。

2 問題把握ステップの「内外情報」の活用法

　問題を把握する時に利用する情報には「内部情報」と「外部情報」の２つがあります。内部情報とは「自分の身近にある知識」、外部情報とは「自分の身近以外のあらゆる知識」です。

　外部情報には、新聞、雑誌、書物などの印刷物、テレビ、ラジオなどの電波メディアやインターネットなど多様な情報を含みます。

　しかし、友人や家族などとのパーソナル・コミュニケーションも大切です。秘密情報は、マスコミより、クチコミから入るほうが多いのです。

　このように問題把握は、関連する情報を幅広く集めることが大切です。

図2-9　川喜田二郎の情報収集の3ポイント

3ポイント	収集の仕方の例
1 多角的	問題に関係しそうな資料や各種メディア、また関係者などに徹底的に当たる
2 定性的	各種調査でも、アンケートなど定量化された事実だけでなく、人の話など定性的なものも集める
3 間接的	インタビューで聞くにしても、そのテーマ以外の余談(副産物)などにも注目する

図2-10　9点の一筆書きつなぎの例（4本以内の直線のみで行う）

枠からはみ出して初めて解答は見つかる

開始点

図2-11　問題把握で活用する「内部情報」と「外部情報」

2つの情報	その内容
1 内部情報	■自分の記憶にある知識 ■手持ちの記録物や資料 
2 外部情報	■新聞・書物など印刷メディア ■テレビ・ラジオなど電波メディア ■インターネットなど電子メディア ■専門家の話など人間メディア ■身近な人の話やメール 

2.6
課題解決ステップでの
アイデア発想と評価の仕方

1 ゴードンの思考法「異質馴化」と「馴質異化」が大切

　類比技法のシネクティクスを創始したウィリアム・ゴードンは、「創造的な人の心構え」として、次の「2つの思考法」をあげています。
　①異質馴化　②馴質異化

　「異質馴化」とは「自分が初めて見知ったものを、自分自身のテーマに結びつけてアイデアを発想すること」。「馴質異化」とは「よく熟知している事象を、新しい角度から見直してみよう」という考え方です。

　解決策を立てるためのアイデア発想に、このゴードンの考え方は大変参考になります。こう考えると、私たちの身の回りにあるものすべてが発想のヒントとなり得ます。初めての情報からも、またよく知った情報も、見方を変えて、多角的に考え、数多くのアイデアを出す。そして、次のステップで徹底的に絞り込むことが大切です。

2 ギルフォードの創造性評価の「4基準」が大切

　「新聞紙の使い道を3分以内で思いつく限りあげてください」といったテストがギルフォード式創造性テストです。このようなギルフォード式創造性テストの評価基準は、次の4項目です。
　①流暢性　②柔軟性　③独自性　④具体性

　アイデアを出す時、つまり発散思考に必要なのはまず、「流暢性」と「柔軟性」です。流暢性とはアイデアの数を多く出せることを意味し、柔軟性とはアイデアを出す広がりが大きいことを意味します。アイデアを出す時はまず、多方面から数多く出すことが大切といえます。

　また、アイデアには「独自性」が必要で「具体性」もないと困ります。

図2-12　ゴードンの創造型人間の心構え「2つの思考法」

心構え	具体例
1 異質馴化	池田菊苗元東大教授は、夫人から昆布のうま味の話を聞いた。そこで昆布の成分を分析し、うま味が「グルタミン酸」だとつきとめ、「味の素」が誕生した。 
2 馴質異化	長谷川五郎氏は、ルールの簡単なゲームを考えて、碁からは丸形と白と黒色を、そして将棋からは駒を裏返すヒントを得て、「オセロゲーム」を創案した。 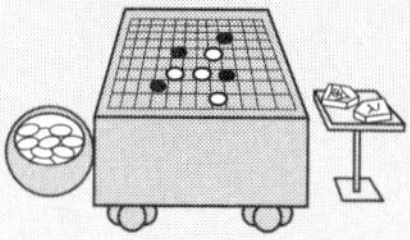

図2-13　馴質異化の「類比の例」

実例	考案者	馴質（ヒント）	異化（発想したエピソード）
ベンゼンの分子式	フレデリック・ケクレ	夢で見たヘビ	分子式でループ形を考えた最初。夢でヘビが自分の尾をくわえ回転するのを見て発想
サーモスタット（自動オンオフ）	ジョン・スペンサー	ボイラーの扉	火力の強弱で伸び縮みするボイラー扉をヒントに、2種の金属を貼り合わせたサーモスタットを発明
小説の一場面	柴田錬三郎	子どもの輪投げ	散歩中に見た子どもの輪投げをヒントに「娘が悪党におそわれた時、サムライが笠を飛ばし娘の大切な部分を覆う」シーンを発想

図2-14　ギルフォードの創造性評価の「4基準」

1 流暢性（思考の速さ）　　**3** 独自性（思考の独自さ）

2 柔軟性（思考の広さ）　　**4** 具体性（思考の具体性）

第2章　創造的問題解決の「手順と思考」

第 3 章

問題解決に活用する「創造技法の4分類」

　私は創造的な問題解決に用いる技法を「創造技法」と名づけ、数百の技法の分類を試みました。そして「発散技法」、「収束技法」、「統合技法」、「態度技法」の4種類に分類しました。

　各技法の特色は本文で見ていただきますが、4つの分類の違いをしっかりと理解していただければと思います。日本創造学会ではこの分類法が創造技法の基本分類となっています。

　創造技法は「問題解決技法」と言い換えてもよいでしょう。

3.1
創造技法は４種類に分類される

1 　創造技法の分類にギルフォードの「頭脳モデル」を活用

　私は、創造的な問題解決の技法を 300 種類近く集め、1983 年に
100 技法を選び出して分類し、それらを「創造技法」と名づけました。
そして『創造開発技法ハンドブック』という本にまとめましたが、最初
にまず、思考のプロセスで分類するのがよいと考え、ギルフォードの思
考モデルに従い、「発散技法」と「収束技法」の２分類を考えました。

　①発散技法とは、発散思考で事実やアイデアを出すための技法

　②収束技法とは、発散思考で出た事実やアイデアをまとめる技法

　しかし、この２分類にどうしても入りきれない技法群が２種類出ま
した。第１は、１つの技法の中に発散と収束の２つの思考が含まれて
いるもので、私はこれらを「統合技法」と名づけました。

　もう１つは、それ自体が問題解決にすぐ使える技法ではなく、「問題
解決の心構え」、つまり「創造的な態度を身につける」ための技法です。
これらの技法には「態度技法」とネーミングをしました。

2 　創造技法は「発散・収束・統合・態度」の４種類から成る

　このようにして私は創造技法を、「発散技法」「収束技法」「統合技法」
「態度技法」の４種類に分けました。

　図 3-1 は、創造技法のこの４つの分類と、代表的な技法をまとめた
ものです。それぞれの技法についての詳しい説明は、p.38 以降で述べ
ていきます。この創造技法の４分類は、日本の創造性の研究では定番
の分類法になっています。私はこれらを 2002 年に刊行した『新編 創
造力事典』(日科技連出版社)に詳しくまとめています。

図3-1 創造技法の「4分類」

1 発散技法（発散思考を用いて事実やアイデアを出す技法）
- 自由連想法 …… ブレインストーミング法、ブレインライティング法、カードBS法、カードBW法、欠点・希望点列挙法
- 強制連想法 …… 特性列挙法、チェックリスト法、マトリックス法
- 類比発想法 …… シネクティクス、ゴードン法、NM法

2 収束技法（発散思考で出た事実やアイデアをまとめる技法）
- 空間型法
  - 演繹法 …… 図書分類
  - 帰納法 …… KJ法、ブロック法、クロス法
- 系列型法
  - 因果法 …… 特性要因図法、因果分析法
  - 時系列法 …… ストーリー法、カードPERT法
- 評価技法 …… 持ち点評価法、1対比較法

3 統合技法（発散と収束を繰り返して解決をめざす技法）
ハイブリッジ法、ワークデザイン法

4 態度技法（問題解決そのものに焦点を当てるのではなく、創造的な態度を身につけるための技法）
- 瞑想型法 …… 自律訓練法、催眠、ヨーガ、禅
- 交流型法 …… 交流分析（TA）、エンカウンター・グループ
- 演劇型法 …… 心理劇、ロール・プレイング

第3章 問題解決に活用する「創造技法の4分類」

3.2
「発散技法」は、発想する時に用いる技法

① 発散技法では「連想力」を基本に考える

アリストテレスは、連想しやすいものを「反対」「接近」「類似」の3つに分け、それらを「連想の法則」と名づけました。「上といえば下」(反対連想)、「山といえば川」(接近連想)、「ボールから地球」(類似連想)というわけです。連想とは、このように次々と思いつく働きのことです。

あるテーマについて思いつくままに発想することを「**自由連想**」と呼びます。この思考法を使った技法が「自由連想法」です。一方、テーマの「逆を考えよ」など、特定の方向に答えを出させるのを心理学では「**制限連想**」と呼びます。このように「テーマを考えるのに一定の方向を示し発想させる方法」を、私は「強制連想法」と名づけました。

② 発散技法は「自由・強制・類比」の3種類から成る

発散技法には、「自由連想法」「強制連想法」以外に「類比発想法」があります。類比発想法は、テーマと本質的に似たものをヒントにして発想する方法です。

3つの発散技法の違いを「新しいハサミのアイデア」を例に考えます。

「**自由連想法**」ではヒントはなしです。思いつくまま「何回使っても切れ味が同じ」「鼻毛切りにもなる」など、自由にアイデアを出します。

一方「**強制連想法**」では、同じテーマに対し、「老人向けにしたら」「変形したら」など、指示されたヒントと結びつけて考えます。

「**類比発想法**」では、「モノを分けるもの」は何かと、ヒントになるモノを探します。たとえば「ゴム粘土」をヒントにして、新しいハサミは考えられないか、とアイデアを探すのです。

図3-2 アリストテレスの「連想の法則」

連想の種類	内容	例
反対連想	テーマと反対のものを連想する働き	山→海、黒→白、男→女、販売→製造
接近連想	テーマと時間的・空間的に近いものを連想する働き	山→川・空・森・湖・緑・木・頂上
類似連想	テーマと似たものを連想する働き	山→三角形、ブルドッグ→頑固親父

図3-3 「発散技法の3種類」とイメージ図（ハサミのアイデア）

1 自由連想法（ヒントなしで自由に発想）

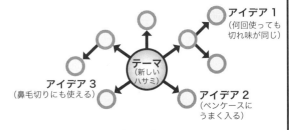

2 強制連想法（ヒントは何でもよい）

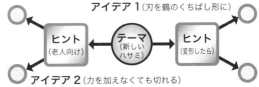

3 類比発想法（本質的に似たものがヒント）

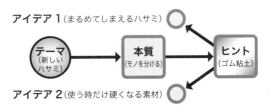

3.3
「収束技法」は、
　　まとめる時に活用する技法

① 収束技法にはまず「空間型・系列型」の２分類がある

収束技法を、私はまず大きく「空間型」と「系列型」に分けました。

「空間型」は、発散技法で集めた情報を「内容の同一性」で、「系列型」
は「フロー(流れ)」に沿って整理するやり方です。

「空間型の技法」を私は「演繹法」と「帰納法」の２つに分けました。

演繹とは「原則から特定の事実を推し量る」考え方、帰納は逆に「具
体的事実から原則を導き出す」考え方です。つまり、**「演繹法」**は「情報
を決まった分類に従って集める」方法、**「帰納法」**は「情報を似たもの同
士で集め、積み上げ方式で新分類をつくる」方法といえます。

創造的な問題解決のためには帰納法のほうが多く使われます。創造的
な問題、つまり先がよく見えない問題では、既存の上位概念が明確でな
かったり、上位概念自体を打ち壊した斬新な発想が求められるからです。

**「系列型の収束技法」は、データを「流れ」で整理するやり方です。そ
れらは「因果法」と「時系列法」に分けられます。**

たとえば「問題点を見つけ出す」ためには、原因と結果はどうなって
いるのかと、因果による思考をします。一方、「仕事のスケジュール」
だったら、時系列による思考になります。

② 収束技法には「評価技法」も入る

収束の最後に行うのは評価で、そのために評価技法があります。

発散思考で大量の事実やアイデアを出し収束したら、論理的な思考を
駆使してじっくりと事実が正しいかとか、良いアイデアかどうかなど評
価することが必要です。

40

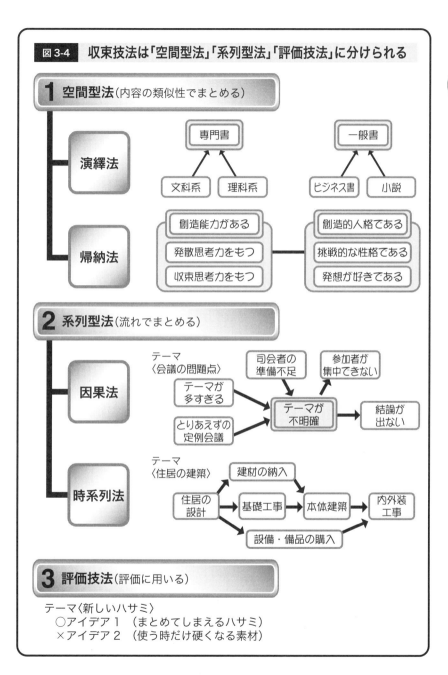

3.4
「統合技法」と「態度技法」はどんな技法か

1 統合技法とはどんな技法か

「発散」と「収束」の両技法のバランスが同様な技法を、私は「統合技法」としてまとめました。

問題の解決には発散して収束するという思考のサイクルが必要です。「統合技法」は、1つの技法で問題の解決を一挙に済ませるための技法といえます。

2 態度技法は「瞑想型・交流型・演劇型」の3種類がある

「態度技法」は、「瞑想型法」「交流型法」「演劇型法」に分けられます。

「瞑想型法」の多くは東洋で誕生し、ヨーガ、禅、瞑想、催眠、自律訓練法などが代表的です。基本的には、精神統一をはかり、問題解決への心構えをつくる技法です。瞑想型法で、具体的に商品イメージの発想に用いられるのは、イメージ・コントロール法や工学禅などです。

「交流型法」は、フロイトの精神分析から発展したカウンセリング技法が主体です。エリック・バーンの交流分析(TA)は日本でも広く普及しました。カウンセリングは治療だけでなく、人々の可能性向上にも用いられます。問題解決は究極的には解決者自身と問題との対決ですから、自己改革をめざすカウンセリング技法は役立ちます。

「演劇型法」は集団対象のカウンセリング技法です。ヤコブ・モレノが治療のために始めた心理劇は、小集団の中で即興劇を演じ、問題に気づかせる方法です。心理劇は子ども対象にはクリエイティブ・ドラマチクスに、大人向けには社会劇に、そして店員に販売技術を身につけるなどのビジネス技法のロール・プレイングに、発展しました。

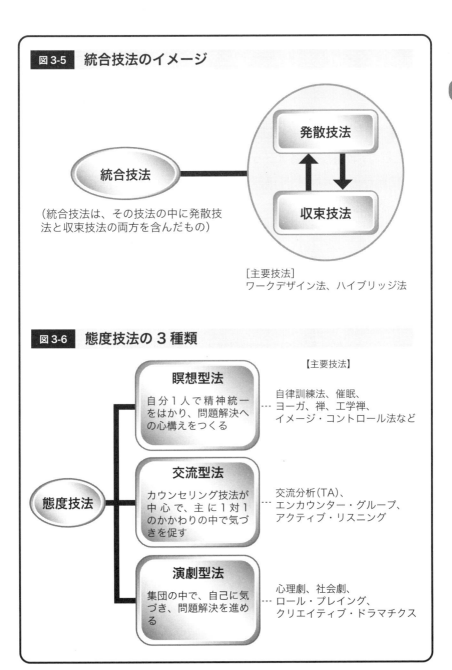

3.5

創造的問題解決の各ステップで使う
データと技法は異なる

1 各ステップの「発散思考」で出すデータの種類は異なる

創造的な問題解決の各ステップで出すべき発散データは異なります。

1. **問題設定ステップ**では発散技法を用い、「問題」を探します。

2. **問題把握ステップ**の現状分析では「事実」、原因追求では「原因」
   と、集めるデータは異なります。「事実」は問題関連の「正しい情
   報」のこと、「原因」には「推測情報」も含まれます。

3. **課題設定ステップ**での「課題」とは、解決課題のことです。

4. **課題解決ステップ**では、構想計画と具体計画とも発散思考で「着
   想データ」つまりアイデアを出します。そして、手順計画の「作業
   データ」とは、解決のための具体的な個別作業のことです。

5. **総合評価ステップ**は、「解決策」が評価の対象となります。

2 創造的問題解決の各ステップで使う「収束技法」も異なる

創造的な問題解決では各ステップで使う収束技法もそれぞれ違います。

1. **問題設定ステップ**では発散で出た問題群から1つ選びます。

2. **問題把握ステップ**の現状分析では事実・データを集め、似た内容
   ごとに「空間型法」でまとめます。次の原因追求では原因の因果関
   係を「系列型法の因果法」で探し、真の要因を見つけ出します。

3. **課題設定ステップ**は、解決課題を「評価」し選び出します。

4. **課題解決ステップ**の構想計画では各目標の解決アイデアを「空間
   型法」でまとめます。具体計画は「系列型法」でまとめます。手順
   計画では解決策の実施作業を「系列型の時系列法」でまとめます。

5. **総合評価ステップ**で解決策を「評価」して終了となります。

図3-7 創造的な「問題解決ステップ」と「適応技法」

問題解決ステップ	発散思考		収束思考		収束図解
	発散データ	適応技法	収束思考	適応技法	
1 問題設定	問題	インタビュー 討論	評価	各種評価法	（問題決定）
2 問題把握 **2-1** 現状分析	事実データ	BS法 カードBS法 BW法 カードBW法	空間型	KJ法 ブロック法 クロス法 持ち点評価法	〈空間展開図（空間）〉
2-2 原因追求	原因データ	欠点列挙法 BS法 カードBS法 BW法 カードBW法	系列型（因果法）	特性要因図法 因果分析法 持ち点評価法	〈因果系列図（因果）〉
3 課題設定	課題	BS法	評価	各種評価法	（評価）
4 課題解決 **4-1** 構想計画	着想データ	BS法 チェックリスト法 希望点列挙法 マトリックス法 ゴードン法 シネクティクス NM法	空間型	KJ法 ブロック法 クロス法 持ち点評価法	〈解決計画図（空間・系列）〉
4-2 具体計画			系列型	ストーリー法 持ち点評価法	
4-3 手順計画	作業データ	BS法 カードBS法 カードBW法	系列型（時系列法）	PERT カードPERT法 ガントチャート 持ち点評価法	〈時系列図〉
5 総合評価	解決策	調査（定量・定性）	評価	各種評価法	（評価）

第3章 問題解決に活用する「創造技法の4分類」

第 **4** 章

発散技法の基本は 「自由連想法」

　問題の事実や原因を出したり、アイデアを発想するための技法が発散技法です。発散技法は、アメリカのオズボーンが考案した「自由連想法」のブレインストーミング法から多彩に発展してきました。この発散技法は、「自由連想法」「強制連想法」「類比発想法」の３種類に分かれます。

　本章では、発散技法の基本である「自由連想法」を５つ取り上げて、詳しく解説します。自由連想法とは何かをまずしっかり学んでください。

4.1 ブレインストーミング法は発散技法の母

1 ブレインストーミング法(BS法)とはどんな技法か

「ブレインストーミング法」は、アメリカの広告会社・BBDO社の副社長だったアレックス・オズボーンが1939年に考案した発散技法で、最も代表的な集団技法です。すべての発散技法の母といえる技法です。

当時の広告づくりは、広告主から営業担当が広告の依頼を受け、それをもとにコピーライターが文案を作成し、そのコピーをデザイナーがデザインするという分業体制で制作していました。オズボーンはこれをチームの共同制作でできないかと考え、このブレインストーミング法を考案したのです。

2 ブレインストーミング法の基本「4ルール」

オズボーンは、ブレインストーミング法の「4ルール」を考えました。それが、①批判厳禁、②自由奔放、③質より量、④結合改善です。

■ブレインストーミング法の「4ルール」

①**批判厳禁**：人の発言を一切批判してはいけないということです。批判がなければ、メンバーは自由に発想できます。

②**自由奔放**：何を言っても許されるということで、メンバーはリラックスした雰囲気で気楽に発想できます。

③**質より量**：量が質を生む、下手な鉄砲も数打ちゃ当たるということで、とりあえず何でもいいから発想しようということです。

④**結合改善**：人の発想に他の人が便乗してより良いアイデアにすることで、チーム発想では人真似を許そうということです。

この4つのルールをブレインストーミング法では必ず用います。

図4-1　ブレインストーミング法の進め方

1 テーマは明確で具体的なものにする
2 リーダーは全員に発言を促す
3 メンバーは4〜8名程度
4 発言をすべて記録する
5 発言はキーワードを活かして要約する

図4-2　ブレインストーミング法の「4ルール」

① **批判厳禁**(Defer Judgement)
② **自由奔放**(Free & Unrestrained)
③ **質より量**(Quantity Oriented)
④ **結合改善**(Combination & Improvement)

第4章　発散技法の基本は「自由連想法」

3 ブレインストーミング法の進め方

ブレインストーミング法（BS法）は次のように進めます。

(1)テーマは具体的なものにする

ある工場でブレインストーミング法のテーマを「現場の事故を減らす」としたら、有効なアイデアはほとんど出なかったので、「ヘルメットを全員にかぶらせる」としたら、よいアイデアが多く出たそうです。このようにテーマはできるだけ具体的なものにするべきです。

(2)四角く並べた机にぐるりと座り、大きめの用紙を用意する

全員が見渡せるよう、机は四角形に並べます。黒板に模造紙を貼るか机上にA3用紙を置きます。記入用紙の一番上にテーマ、そしてアイデアNo.を書きます。コピーのできる電子白板はブレインストーミング法に最適の道具です。

(3)リーダーは乗せ上手な人がよい

リーダーは事前にテーマで発想すべき分野を多角的に洗い出し、本番で多角度にアイデアが出るように準備します。また、全員をうまく乗せ、活発に発言させます。少人数なら、リーダーが書記を兼任します。

(4)メンバーは混成部隊がよい

メンバー数は4〜8名程度とします。テーマ自体の専門家は半数以下とし、多分野の人を集めます。そのほうが発想が広がるからです。

(5)自由に発言させ、すべての発言をうまく記録する

「朝の通勤電車で一日の仕事の手順を考える」を単に「事前準備」ではなく、「朝の電車で一日の手順を考える」など、うまく要約します。

(6)時間は1時間程度、それ以上なら休憩する

(7)ブレインストーミング法の後の評価では、批判を解禁して行う

アイデア評価のポイントは「独自性」と「具体性」です。評価する時にもアイデアを結合したりして、レベルアップをはかります。

| 図4-3 | ブレインストーミング法の例 |

取り上げるテーマをわかりやすく記入する

発言をキーワードでまとめる

テーマ〈老人マーケット向けマヨネーズの新商品企画〉

1 低コレステロールの
マヨネーズ

2 塩分の少ないマヨネーズ

3 地玉子を使用した
マヨネーズ

4 薬草入りマヨネーズ

5 しょう油が入っている
和風味のマヨネーズ

6 パックがスリムなマヨネーズ

7 マヨネーズを使ったヘルシーメ
ニューがついているマヨネーズ

8 水性マヨネーズ(水に溶けるという
ことでさっぱりした感じがする)

9 酢の配分比率が多いマヨネーズ

10 濃厚なので少量使用する
だけでよいマヨネーズ

11 食物繊維入りマヨネーズ

12 香草入りマヨネーズ
(香りのよいマヨネーズ)

13 低カロリーマヨネーズ

14 使用量1回分が記入され
ているマヨネーズ

15 体内に吸収しないオイル
を使ったマヨネーズ

16 味は変わらないが塩分が
1/2のマヨネーズ

17 材料が別々に入っていて
自分で混ぜるマヨネーズ

18 バイオの技術を駆使してつく
った材料でできたマヨネーズ

19 固形マヨネーズ(水やお湯に
溶かして使う)

20 中華マヨネーズ(少量ゴマ
油を使用する)

アイデアに必ず番号(No.)をふる

第４章 発散技法の基本は「自由連想法」

4.2 カード BS 法は、後処理が便利な ブレインストーミング法

「カード BS 法」は、カードを用いたブレインストーミング法の略称です。全員にまんべんなく発言させるため、私が考案しました。

1 カード BS 法とはどんな技法か

ブレインストーミング法の欠点は、「発言が特定の人に偏る」「ワイワイ、ガヤガヤと進行するため、各自がじっくり考えることができない」、そして「発想を後でまとめるのに転記しなくてはならない」などです。

そこで私は、全員が平等に発想できるように、発想を沈黙して行い、各自がカードにアイデアを直接書く「カード BS 法」を考えました。

この技法では個人で沈黙して発想し、集団での口頭発表を繰り返します。沈黙と発表の切り替えが特色です。また、出したアイデアはすべてカードに記入されているので、後で整理やまとめが簡単にできます。

2 カード BS 法の進め方

この技法では、必ず発散思考の「5 つのルール」を使います（p.29）。

【事前準備】

(1)テーマについて確認する

リーダーが全員にテーマについて説明します。

(2)全員がカードと A4 用紙を 1 枚持って着席する

人数は 4 〜 8 名程度で、机を並べ全員でぐるりと囲んで座ります。各人に 50 枚のカード(2.5cm × 7.5cm のポスト・イットが最適)と A4 用紙を各 1 枚配布し、机の真ん中に A3 用紙を 3 〜 4 枚並べます。リーダーは、進行係、時間係、そして発想メンバーを兼ねます。発想時間は 30 〜 60 分程度が最適です。

【発想本番】

(1)個人発想タイム：最初の5分間

　各自は黙って、1カードに1つのアイデアを記入し、それを手元のA4用紙に貼ります。リーダーはタイマーを用意し、5分にセットします。5分たったら順番発表タイムになります。

(2)順番発表タイム（追加カードの記入）

　①リーダーの左の人がカードを1枚読み、机上のA3用紙に貼ります。

　②次に、その左側の人が1枚を読んで、同じA3用紙に貼ります（他メンバーは発表を聞き、カードに追加アイデアを書く。自分の書いたアイデアを他の人に言われたら、手持ちカードは捨てる）。

(3)再・個人発想タイム：5分間

　パスが2人以上出たら、また個人発想に戻り5分間発想します。

(4)再・順番発表タイム

　再発想の後、順番に発表し、机上のA3用紙にカードを貼ります。

(5)以下、時間まで「個人発想」と「順番発表」を繰り返す

(6)終了時間がきたら記入済みカードをすべてA3用紙に貼る

　終了時間になったら、手元にあるカードはすべて読んで出します。

③　カードBS法の活用法

　この技法は、出されたアイデアがすべてカードに記入されているので、すぐにまとめに入れます。まとめは、本書の第7章の収束技法や統合技法を活用して実施してください。この技法は職場のソフトの問題や、工場などのハードの問題にも簡単に活用できます。数人が「ちょっとアイデアを出すか」と思った時に、すぐ利用できます。

　また、個人でも使えます。時間ができた時、タイマーを用意し、1人で5分ごとにアイデアをカードに書き、時間がきたらそのカードを読み、追加発想をします。個人でも集団でも用いることができます。

図4-5　カードBS法の例

テーマ〈新しい冷蔵庫のアイデア〉

部屋の雰囲気で色、形が変わる	棚が引き出し可能なもの	収納スペースが変えられる
モーターをコンパクトにして小型化をはかる	冷蔵庫が温度別に分かれている	保温器と合体している
モーターの熱を利用して暖房ができる	内部の温度でドアの色が変わる	カギがついている
タンスのように多段式になっている	ボタンを押すと扉が透明になる	左右どちらからも開く
野菜入れを大きくする	開けっ放し防止つき	白板代わりになる
リモコンで開閉できる	小物入れつき	モーターの音が音楽になる
放熱板がカバーされて見えない	タイマーがついている	扉が液晶パネルで料理のレシピが映る

第4章　発散技法の基本は「自由連想法」

4.3 ブレインライティング法は 沈黙の集団発想法

1 ブレインライティング法(BW法)とはどんな技法か

「ブレインライティング法」はドイツで開発された技法です。私の友人のドイツ創造学会元会長でダルムシュタット大学のゲシュカ元教授は、「ドイツ人は論理思考型で個人思考が得意だから、集団での自由奔放な発想は不得意。そこで、ブレインストーミング法の長所とドイツ人の特色を活かしたのがこのブレインライティング法」といいました。

ブレインライティング法は6・3・5法とも呼ばれています。それは**「6人の参加者が、3つずつアイデアを、5分ごとに考え出す」**という技法の進め方からつけられた愛称です。

創案者のホリゲルさんは創造技法の形態分析法の専門家で、1968年に自分の教育訓練コースの中でこの技法を開発しました。

2 ブレインライティング法の進め方

ブレインライティング法の進め方は、次のような手順が一般的です。

【事前準備】

(1)テーマは自由だが、具体的なもので

テーマはブレインストーミング法と同様で、自由に設定してかまいません。しかし、具体的でわかりやすいものにする必要があります。

(2)リーダーとメンバー

メンバーは6人が原則です。しかし、私はある講演会で800人で実施したこともあります。このようにブレインライティング法は、何人でも全員一斉に実施できるのが特徴です。

図4-6 ブレインライティング法の進行図

5分たったらシートを左側の人に渡す

5分間で各列にアイデアを記入する

図4-7 ブレインライティング法シート

A4サイズ

第4章 発散技法の基本は「自由連想法」

【発想本番】

(1) 第1回の発想タイム（5分で3アイデア）

　全員が机を囲んで実施します。各メンバーに図4-7のようなブレインライティング法シート（A4サイズ）を渡します。全員が5分で、I欄の横のA、B、Cの3つの欄にアイデアを記入します。

(2) 第2回の発想タイム（前とは異なるアイデアを記入）

　5分たつと、リーダーの指示で各自は自分のシートを左側の人に渡します。次の5分間も、全員がII欄のA、B、Cの欄に前の人が書いたアイデアを発展させたり、自分独自のアイデアを記入します。

(3) 第3回以降の発想タイム（第3回以降は第2回と同様）

　そして5分たったら、また左側の人にシートを回し、今度はIII欄のA、B、Cにアイデアを書きます。以下、同様に進んでいきます。

　計算どおりにいくと、各自3案ずつ6人が6回ですから、計108のアイデアが30分で出るということになります。

　テーマによっては、5分の発想時間を自由に変えてかまいません。

(4) 最後は評価してまとめる

　全セッションが終わると各自に手元のシートを評価させて、良いアイデアを各自3つくらい選ぶというやり方もよく行われます。

3 ブレインライティング法の活用法

　ブレインライティング法は、シートさえあればいつでもどこでも短時間でも実施でき、どんな課題の発想にも使えます。

　また、沈黙したまま集団発想するという特色から、技術系の方からは大変評価を受けている技法です。

　私は日本だけでなく、中国・台湾・韓国でも紹介しましたので、現在ではアジアでも広く普及しています。

| 図4-8 | ブレインライティング法の例 |

テーマ〈 田舎の空き家の利用法 〉

	A	B	C
I	被災者の仮設住宅に	田舎生活体験ツアーの宿泊先	演劇やコンサートの練習場所
II	留学生受け入れ住宅に	外国人旅行者の安い宿泊先	ミニイベントの会場
III	学生の合宿生活の住居	クラブ活動の合宿所として貸し出し	カラオケや陶芸などの教室
IV	田舎暮らしを望む都心からの移住家族用住宅に	企業などに研修施設として貸し出し	地元の高齢者たちのサロン会場
V	スローライフを楽しめる別荘	古民家をリフォームしてレストランに	自然体験学校

第4章 発散技法の基本は「自由連想法」

ワンポイント 「ブレインライティング法の
発想時間は変えてよい」

　1回の発想タイムはテーマやメンバーの質、熟練度により、変更してかまいません。私の会社では、商品開発の課題では3分、ネーミングなら2分で行っています。

　また、発想タイムの後半は、他メンバーのアイデアを読む時間がかかるので、時間を延ばすのが一般的です。

4.4
カード BW（ブレインライティング）法は まとめがすぐできる発想法

　私はブレインライティング法を後ですぐにまとめが行えるよう、カードを利用した「カード BW 法」を開発しました。

1　カード BW 法とはどんな技法か

カード BW 法の進め方は、ブレインライティング法と同じです。

　しかし、ブレインライティング法では後で収束する時にアイデアをハサミで切り離す必要があるなど面倒でした。そこで、ポスト・イットを用いれば後の作業が簡単になるので、私が考案した技法です。

2　カード BW 法の進め方

【事前準備】

(1)基本はブレインライティング法と同じ

　テーマもメンバーも机の配置もブレインライティング法と同様です。

(2)各自がカード BW 法シートを作成する

　各メンバーに A4 用紙と 18 枚のカード(2.5cm × 7.5cm のポスト・イットが最適)を渡します。各自は図 4-10 のように、A4 用紙を横にして、ポスト・イットを横に 3 枚、縦に 6 枚ずつ貼ります。

【発想本番】

(1)第 1 回の発想タイム(3 分で 3 アイデア)

　私の経験では、時間は 3 アイデアで 3 分くらいがよいと思います。最初の 3 分で、1 列目のカードに全員がアイデアを記入します。

(2)第 2 回の発想タイム

　以下、ブレインライティング法と同様に実施します。

第4章 発散技法の基本は「自由連想法」

図4-9 カードBW法の進行図

時間がきたら
シートを左側の
人に渡す

図4-10 カードBW法シート

A4サイズのシートを横にして使う

テーマ〈　テーマを記入する　〉

縦にポスト・イットを6枚貼る

横にポスト・イットを3枚ずつ貼る

3 カード BW 法の活用法

カード BW 法はとても簡単に活用できる発想法です。そのうえ、後処理が簡単で、私が最も活用している技法でもあります。

　全国各地 50 カ所で 400 人の参加者を対象に衛星ネットを用い、「会議セミナー」を実施したことがあります。その時、「会議の改善」をテーマに、このカード BW 法でアイデアを出してもらいました。

　全国各地での個別討議の場面はモニターで見ることができますが、進行状況は大変把握しにくいのです。しかしカード BW 法を活用すると、私が時間をコントロールできます。また、まとめが簡単にできるため、実施直後にすぐ評価が行え、各自が手元のシートから良いアイデアを選び、とてもスムーズに進行できました。

　カード BW 法をぜひ一度活用してみてください。

4 KW カード BW 法とは何か

カード BW 法を発展させた方法が、「KW カード BW 法」です。

　KW はキーワードの略です。あるテーマのアイデアを出す時、発想すべきキーワードをあらかじめ出し、そのキーワードごとにアイデアを出すほうがより具体的なアイデアが出せるので、私が考案した技法です。

つまり、「KW カード BW 法」は、発想カードの上に KW（キーワード）カードを書き出しておき、その下のすべての発想カードにはそのキーワードのアイデアを出すという方法です。

　具体的には、図 4-12 を見てください。「ファミレスの集客アップ作戦」のアイデアを考えるキーワードとして、「建物・施設」「食事メニュー」「広告・宣伝」を選んで行った例です。こうすればキーワードごとに発想するので、具体的なアイデアが考えやすいということがわかるでしょう。これも進め方は他のブレインライティング法と同じです。

図4-11 カードBW法の記入例

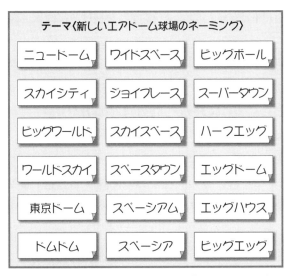

※当社開発の東京ドームのネーミング「BIG EGG」の例です。

図4-12 KWカードBW法の記入例

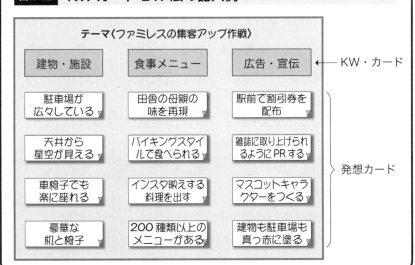

第4章 発散技法の基本は「自由連想法」

4.5 欠点列挙法・希望点列挙法は 解決の糸口を発見する技法

1 欠点列挙法・希望点列挙法とは何か

「欠点列挙法」は、アイデアを出す時、まずその欠点を分析し、その後、欠点ごとに具体的なアイデアを出すやり方です。

この技法は、アメリカのゼネラル・エレクトリック社の子会社ホットポイント社で考案されました。

「希望点列挙法」は、その問題やものに対する願望や夢をまず洗い出し、後でそれを具体化するためのアイデアを考える方法です。

両技法とも「欠点や希望点を出すブレインストーミング会議」と「その実現を考えるブレインストーミング会議」の2回のブレインストーミング会議を行います。そこで、「2会議法」とも呼ばれています。

2 欠点列挙法の進め方

両技法の進め方は大変似ています。

まず、欠点列挙法の手順を説明します。

(1)テーマを提示する

テーマは、物などハードなものでもソフトなものでも可能です。

(2)欠点列挙のブレインストーミング(BS)会議(第1会議)を行う

これが第1回目の会議になります。まず、課題の欠点を徹底的に洗い出して、図4-14のような欠点列挙シートに書き込みます。

(3)重点評価をする

出された欠点を評価し、改善すべきものを選び、順位をつけます。

(4)改善のブレインストーミング(BS)会議(第2会議)を行う

第2会議で重要な欠点順に各欠点の改善策を出し、対策を考えます。

64

図4-13　欠点列挙法の進め方

1 テーマを提示する

2 欠点列挙の BS 会議を行う
（テーマの欠点を列挙する）

3 重点評価をする
（改善すべき重要な欠点を選び出す）

4 改善の BS 会議を行う
（選び出された各欠点の改善案を考える）

図4-14　欠点列挙シートの記入例

課題	主婦用自転車	

No.	欠点リスト	評価欄
1	荷台やカゴに重いものを乗せると不安定になる	◎
2	変速機が使いづらい、変速するのがこわい	○
3	坂道では自転車を降りないと登れない	
4	車体が重すぎて扱いにくい	
5	施錠、解錠がしにくく、ケガをすることもある	△
6	チェーンがはずれやすい	
7	駐輪しているとき、倒れやすい	○
8	塗装色のバリエーションが少ない	△
9	耐久性が弱く、壊れやすい	
10	修理代が高い	○
11	サドルの座り心地が悪く、疲れやすい	△
12	ブレーキのききがすぐ甘くなる	

〈評価マーク〉　**1** 抜本的な改善が必要なもの　◎
　　　　　　　　2 改善可だが困難なもの　○
　　　　　　　　3 改善可で容易なもの　△

第4章　発散技法の基本は「自由連想法」

■欠点列挙法の実例＜万年筆の欠点＞

①インクがポタポタ落ちる

②書く時、キャップをはずす必要がある

③インクを交換しなくてはならない

④ポケットに入れる時ジャマになる

この例でも、欠点列挙のブレインストーミング会議の後、「重点評価」をし、欠点を「機能」「素材」「性質」などの特性に分け、重要な欠点を決め、重要欠点ごとに改善のブレインストーミング会議を実施しました。

現在では、インク落ちの欠点は「ボールペン」で、不便なキャップは「キャップレス」で、インク交換は「スペア式」で解決済みですね。

3 希望点列挙法の進め方

希望点列挙法は、「欠点」の文字を「希望点」に変えればよいわけで、ステップは同じです。希望点をまず考え、次に解決策を考えます。

4 欠点列挙法・希望点列挙法の活用法

両技法ともブレインストーミングの改良技法として登場しました。両者とも、ものを改良する技法として登場してきましたが、ハードの問題だけでなく、ソフトの問題にも使えます。

欠点列挙法は、問題解決手順の種類としては、現状型アプローチの典型的なものです。一方、希望点列挙法は、理想型アプローチになります。

ですから欠点列挙法は改善型、希望点列挙法は改革型と呼ぶこともできます。

両技法とも大変身近なもので、誰もがとっつきやすいものですから、新入社員などの訓練から仕事の問題解決まで手軽に応用できる技法です。図4-14と図4-16は、両技法を上手に活用するためにつくられた評価欄を含んだシートです。

66

図4-15 希望点列挙法の進め方

1 テーマを提示する

2 希望点列挙の BS 会議を行う
（テーマの希望点を列挙する）

3 重点評価をする
（改革すべき重要な希望点を選び出す）

4 改革の BS 会議を行う
（選ばれた各希望点の改革案を考える）

図4-16 希望点列挙シートの記入例

課題	単身者用賃貸マンション	
No.	希望点リスト	評価欄
1	ミニパーティが開ける広さのスペースがほしい	○
2	トイレと浴室は別にする	
3	浴室内は乾燥室としても使えるように	◎
4	浴槽への自動給湯機能がほしい	○
5	CCD カメラで訪問者を確認したい	△
6	キッチンは狭くても十分な機能を	
7	各戸でインターネットが利用できるように	○
8	壁収納式の造りつけベッドがほしい	△
9	共用スペースにコインランドリーがほしい	
10	24 時間稼働の配達物自動受取りロッカーがほしい	
11	警備会社への非常通報ボタンがほしい	○
12	不在時の伝言取り次ぎサービスがほしい	

〈評価マーク〉　**1** 困難だが絶対実現したい　◎
　　　　　　　　2 できるだけ実現したい　　○
　　　　　　　　3 実現できたらいい　　　　△

第4章　発散技法の基本は「自由連想法」

第 5 章

強引に何かに結びつけて
発想する「強制連想法」

　自由連想法はその名のとおり、まったく制約なしで自由に連想を広げる方法です。これに対し「強制連想法」は、テーマを考える時に何かをヒントに、強制的に連想を結びつけて行う方法です。この時に利用するヒントは何でもかまわないというのが、強制連想法の特色です。

　本章では、代表的な強制連想法を３つ取り上げて、詳しく解説します。自由連想法と強制連想法の違いをよく理解してください。

5.1 特性列挙法は特性ごとにアイデアを出す発想法

1 特性列挙法とはどんな技法か

「特性列挙法」は、アメリカ・ネブラスカ大学のロバート・クロフォード教授によって提唱されたもので、強制連想法の一種です。

物や対象物の特性を洗い出して発想する方法で、「問題を細かく分析するほどアイデアは出やすくなる」という考えをもとにしています。

ブレインストーミング法のテーマを考える時などに、この特性列挙法で問題を細かく分けて発想すると有効です。たとえば「スマホ」のアイデアを考える時に、その特性を分けます。材料は、製法は、表示部分は、機能は、デザインは、色は、厚さは、重さは…と、なるべく細かな特性に分けて、それぞれでアイデアを考えていこうというわけです。

別のいい方をすれば、発想のチェックリストを考える方法です。

2 特性列挙法の進め方

「ホッチキス」を例として特性列挙法の進め方を説明します。
(1)テーマ「ホッチキスの改良」
(2)ホッチキスの「特性」をブレインストーミングで洗い出す
(3)出てきた特性を整理する

産業能率大学の創始者、上野陽一さんは、日本に創造性教育を最初に導入した人です。彼は、特性を次の3種類に分類して説明しています（『独創性の開発とその技法』技報堂）。

　①**名詞的特性**：全体、部分、材料、製法
　②**形容詞的特性**：性質(形、色、デザイン)
　③**動詞的特性**：機能(そのものの働き)

| 図 5-1 | 特性列挙法の進め方 |

1 テーマを決める

↓

2 特性をブレインストーミング法で出す

↓

3 特性を整理する
（名詞的、形容詞的、動詞的の 3 特性別にする）

↓

4 各特性ごとにアイデアを発想する

↓

5 アイデアをまとめて新商品を考える

第5章　強引に何かに結びつけて発想する「強制連想法」

👉ワンポイント　「特性列挙法と欠点・希望点列挙法を
　　　　　　　　　組み合わせるコツ」

　特性列挙法は、問題そのものを詳しく分解して特性別に発想する方法
です。この特性列挙法と欠点列挙法を組み合わせてみましょう。

　まず特性を出す、次に各特性別に欠点を出す、そして次に欠点をなく
すアイデアを発想する。こうすると、より細かな欠点が見つけ出され、
具体的なアイデアが出やすくなります。

　希望点列挙法との組み合わせ方も、欠点列挙法と同様に考えればよい
わけです。

　このように特性ごとに細かく発想していく特性列挙法に、欠点や希望
点という考える方向性を組み合わせると、より発展した発想が可能にな
ります。

71

次に、これらの特性ごとにホッチキスを細かく分類します。

(4)各特性ごとにアイデアを発想する

それぞれの特性をもっと伸ばすアイデアや、他の機能を付け加えるなどして、より良いホッチキスのアイデアを考えます。

具体的に現在は、ホッチキスに穴あけ機能をつけたもの、ダンボールなども留められる強力ホッチキス、針を後部から入れマグネットによって前部で留める超ミニホッチキス、などがあります。

3 特性列挙法の活用法

特性列挙法は、商品の改善、改良の技術的問題に適応するために考案されました。

現在では、この考え方を発展させたものとして、バリューエンジニアリング(価値分析)の中の「機能分析」があります。またSAMM法は、この技法とオズボーンのチェックリスト法をマトリックスで組み合わせた技法として知られています。

価値分析もSAMM法も商品開発のために現在、広く用いられています。このように、特性列挙法は商品の改良に役立つ技法として開発されましたが、考え方しだいでソフト問題の改善に役立てることができます。

たとえば「本社と支店のコミュニケーション不足」をテーマに取り上げてみましょう。その問題点を特性列挙法を活用して分析すると、次のようになります。

①**名詞的特性**：本社・総務部・支店・コミュニケーション

②**形容詞的特性**：冷たい、さびしい、暗い、閉鎖的

③**動詞的特性**：連絡が少ない、交流がない、伝達しにくい

ソフトの問題でも、このように分析して考えてみると意外とおもしろい発見があると思います。ともあれ、分析的な思考の訓練にこの特性列挙法は大変役立ちます。

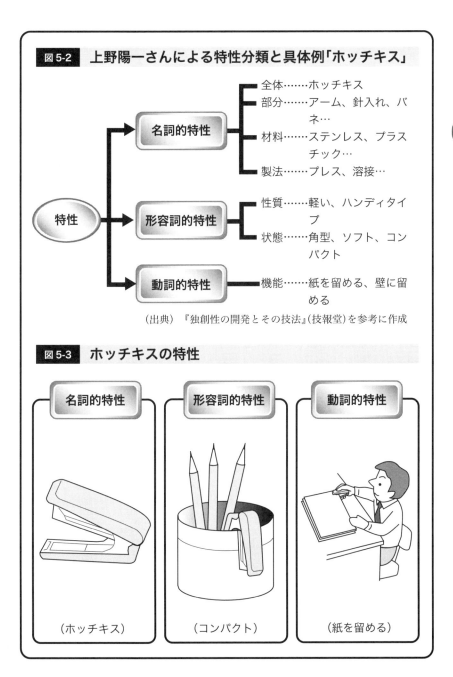

5.2 チェックリスト法は 発想リストで強制的に発想する技法

1 発想のチェックリスト法とはどんな技法か

チェックリストというのは、あることを考える時に抜け落ちがないように、１つずつチェックしていくための一覧表のことをさします。

世の中にはさまざまなチェックリストがあります。海外旅行の準備物のチェックリストなどはその代表的なものです。あなたも海外に出かける前には、時計は、サイフは、パスポートは、などと頭で考える代わりに、チェックリストを使い、抜け落ちがないよう準備するでしょう。

このように一般的にチェックリストは、ミスを起こさないために用いられる「消極的」なタイプのものが多いのです。

しかし、発想時に新しい視点を探すのに使う「積極的」なチェックリストがあります。発想の「チェックリスト法」とはこの積極タイプのもので、発想する時に抜ける観点がないようにと考えられたものです。

2 オズボーンの「９チェックリスト法」

発想のチェックリスト法で最も著名でよく利用されているものは、ブレインストーミング法の考案者オズボーンのチェックリスト法です。

最初は項目が多かったのですが、カード会社の依頼でカードに使われる時、短くされ、「9(ナイン)チェックリスト法」になりました。

■**オズボーンの９チェックリスト法**
　①**他へ転用は**：このアイデアが他で活用できないか
　②**他の応用は**：他からアイデアを利用できないか
　③**変更したら**：全体や部分を変えてみたらどうか

図5-4	「9チェックリスト法」で「卓上用電気スタンド」を発想	
チェックリスト	**内容**	**具体例（卓上用電気スタンド）**
1 転用	そのままで新しい用途はないか？ 改造して他の使い道はないか？	書見台兼用タイプ
2 応用	何か似たヒントはないか？ 何かのマネはできないか？	ブックエンド型スタンド
3 変更	意味、色、動き、音、匂い、様式、 形を、変化させる	点灯すると熱で香りが出るもの
4 拡大	追加、時間、頻度、強度、高さ、 長さ、価値、材料、複製、誇張など大きくする	床置きキャスターつきスタンド
5 縮小	減らす、小さく、濃縮、低く、短く、軽く、省略、分割、内輪、にする	こけし型のミニスタンド
6 代用	人の、物の、材料の、製法の、動力の、場所の、代わりを探す	蛍光電球をLEDにしたスタンド
7 再配列	要素を、レイアウトを、順序を、 因果を、ペースを、アレンジする	天井からつるしたスタンド
8 逆転	反転、前後転、左右転、役割転換、 上下を、変える	下にも光源をつけムード照明にもなる
9 結合	ブレンド、合金、ユニットを、 目的を、アイデアを、結びつける	音声で点滅できるスイッチつき

第5章　強引に何かに結びつけて発想する「強制連想法」

④**拡大したら**：大きくしたり、大げさに考えたらどうか

⑤**縮小したら**：小さくしたり、少なくしたらどうか

⑥**代用したら**：何か他のもので、代わるものはないか

⑦**再配列なら**：順番や流れを、変えてみたらどうか

⑧**逆転したら**：逆にしたり、裏から見たらどうか

⑨**結合したら**：何かと結びつけたり、統合したらどうか

　このチェックリスト法は、課題を『何か他を「応用」してアイデアが考えられないか』とか、『どこかを「変更」することはできないか』などと強制的に結びつけて発想するのに使います。図5-4の「卓上用電気スタンド」を例にとると「応用」からは「ブックエンド型スタンド」とか、「変更」では「点灯すると熱で香りが出るもの」が出されました。

③ チェックリスト法の活用法

オズボーンのチェックリスト法は手軽なものですから、9つのリストを記憶してしまうとよいと思います。

　「チェックリスト法」は、オズボーンのものなど既存のものを使い、それらでまず発想しましょう。その際は、そのチェックリストがどんな用途に向いているか調べましょう。このオズボーンのチェックリストは、品物の発想に適します、一方、ソフト企画に向くものもあります。

**　しかし、発想のチェックリストは、自分の発想法を分析し既存のものを取り入れながら、最終的には自己流のものを考案すべきでしょう。**

　私はマーケティング発想法の本を書く時にこのオズボーンのチェックリスト法がとても役立ちました。どうまとめたらいいか悩んでいた時に、このチェックリストを思い出し、このようにリスト化すればよいと考えました。その結果、図5-5の「マーケティング・トランスファーの8法則」をまとめることができました。これはマーケティングの発想を、トランスファー(移行)という切り口で行うものです。

図 5-5　マーケティング・トランスファーの8法則

8法則	トランスファーの型	事例
1 変換	ある層から他の層に販売対象を変える	氷川きよし→高齢者から若者のアイドルにと、対象を変えて成功した。
2 性換	男から女、女から男に変える	男性化粧品ジェレイド→女性化粧品のアイテムを男性用に幅広く転用した。
3 共有	最初から誰もが使えるように	ユニバーサル商品→誰もが使えるやさしい商品創りを推進する。
4 複層	購入者が使用者でない商品・サービスの、使用者へのアプローチ法	贈答品→使用者が選べるように、選択できる贈答商品を開発する。
5 再生	若いときの想いを、年を重ねた今実現させる	高齢者に、若い頃憧れだったピアノ・ギター・高級バイクを流行させる。
6 転生	過去の流行を今、流行らせる	30年以上前の『ダンシング・ヒーロー』の大ヒット→昔の流行歌のリバイバル・ブームを演出した。
7 転地	地域限定品を他の地域に拡大する	「はなまるうどん」全国チェーン→地域限定の讃岐うどんを全国に進出させた。
8 転域	従来の場ではなく、異なる場で販売する	オフィスグリコ→お店で売っていた商品をオフィスに置かせてもらい販売する。

（出典）『マーケティング・トランスファー8つの法則』（髙橋誠監修、宣伝会議）

第5章　強引に何かに結びつけて発想する「強制連想法」

5.3 マトリックス法は 発想の切り口を絞り込む技法

1 マトリックス法とはどんな技法か

「マトリックス法」は、発想する観点を絞り込むのに適した技法です。たとえば「新商品を誰に販売するか」を考えるとします。たぶんその時は対象をいろいろ考えます。たとえば、子ども、学生、成人、高齢者などを考え、最終的に高齢者に絞り、発想します。

マトリックス法は、変数2つを組み合わせて、発想の切り口を絞り込むための技法です。具体的には図5-7のように、縦と横に2つの変数を選び、各変数ごとにさまざまな要素を洗い出し、それらの組合せを用いて現状を分析したり、解決のアイデアを考えたりします。

考えるべき課題が大まかすぎる時は、マトリックス法を使って絞り込み、適切な方向性を見つけ出すとよいでしょう。

2 マトリックス法の進め方

進め方は以下のとおりです。図5-7のマトリックス法シートは、縦と横に各要素は5つずつですが、これはいくつにしてもかまいません。

(1)具体的なテーマを決める

(2)マトリックス法シートを作成し、用意する

(3)テーマの変数(切り口)を洗い出す

(4)変数を2つ選び、表頭と表側に記入する

(5)変数ごとにさまざまな要素を洗い出す

(6)変数ごとに要素を選び、表頭と表側に記入する

(7)重要と思われるブロックを選び、解決課題とする

(8)選んだ解決課題ごとにアイデアを発想する

図5-6 マトリックス法の進め方

1. 具体的なテーマを決める
2. マトリックス法シートを作成し、用意する
3. テーマの変数を洗い出す
   ① 対象　② 場面
   ③ 機能　④ 用途
   ⑤ 心理　⑥ 形態　他
4. 変数2つを選び、シートに記入する
5. 変数ごとにさまざまな要素を出す
6. 要素を選び、シートに記入する
7. 発想すべき重要なブロックを選び、解決課題とする
8. 解決課題ごとにアイデアを発想する

図5-7 マトリックス法シートの例「ビジネスバッグ」

「ビジネスバッグ」のテーマから「用途」「対象」という変数を抽出。各変数から「通勤用」「キャリアウーマン」の2要素に絞り込み「キャリアウーマンの通勤用バッグ」を解決課題としアイデア発想をする例

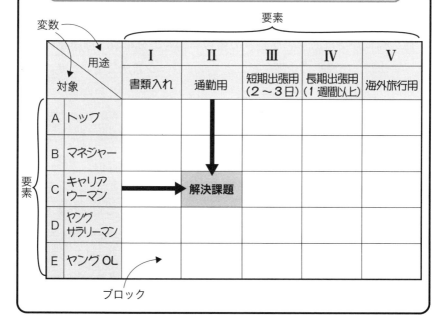

第5章　強引に何かに結びつけて発想する「強制連想法」

■マトリックス法の具体例

たとえば「ビジネスバッグ」を考える場合、まず変数を考えます。「対象」「商品機能」「材質」「用途」など、いろいろ考えられます。

図5-7の例では、一方の変数を「対象」として表側に、もう一方の変数に「用途」を取り上げて表頭にし、それぞれ要素を発想したうえで、いくつかに絞り込んだ要素を記入して、マトリックスが作られています。

そして、具体的にアイデア発想をする場合、この縦横を掛け合わせてすべてのブロックを発想することもあるし、いくつかのブロックを解決課題にして徹底して発想することもあります。

例ではキャリアウーマンの通勤用バッグに目をつけ、「キャリアウーマン×通勤用」のブロック（Ⅱ−C）を取り上げて発想します。このように絞り込んで発想すれば、考える方向性がよくわかり、特にチームで行う場合、全員が課題を明確に意識して発想できます。

3 マトリックス法の活用法

私の研究所では、マーケットの新しい動向の分析や既存商品の現状マップ作成、新商品の企画などによくマトリックス法を使います。

新商品開発では、家電、建築資材、電話機、食品、飲料などさまざまな商品の現状分析に活用しています。具体例では、図5-8のように表頭に「学生」、表側を「心理」とし、彼らのニーズに関するデータを記入します。こうしてマーケットを理解し、新商品開発の方向性を探り、図5-9のようなマトリックスを作り、企画開発に使います。

マトリックス法のポイントは、良い変数を選ぶことです。対象をそのまま「学生」とするのではなく、たとえば「大学生」と絞り込むほうが、より具体的なアイデアが出しやすくなります。

ともあれマトリックス法は課題を分析したり、考える方向を絞り込むのに大変便利な方法です。

図5-8 マトリックス法「現状分析の例」

テーマ〈学生の消費ニーズ分析〉

心理＼学生	中・高校生(13〜18歳)	大学生(19〜22歳)
交 流	**レアもの大好き**　和ものブーム　**アジアっぽいのが新しい** 手に入りにくいレアもの人気　アジアブーム 人とちょっと違うオシャレを楽しみたい　「乃木坂46」が キティ人気、なんでも"キティラー"　人気トップ	
リラックス	**口コミ情報**　ドラックストアやコンビニが放課後の社交場 **最重視**　女子高生の間でうわさネットワーク拡大　**自然体が一番** お菓子や飲料を買う時に参考にするもの　休日は自然の中 「同級生の友人に聞いて」が2位　いつでもどこでも リラックス 小中学生も土曜の休みは自宅でのんびり過ごす　女の子でも地べた座り **デジタル当たり前世代**　電車の中で飲食する女子学生 中学生のスマホ利用率は90% 高校生のパソコン利用率は90%	
健 康	**増加するアトピー性皮膚炎**	

図5-9 マトリックス法「企画開発の例」

テーマ〈大学生向き腕時計の開発〉

Y ブランド心理 ＼ X 季節	I 春	II 夏	III 秋	IV 冬	
A 快 楽					
B 誇 示					
C 執 着					
D 安 心					

第5章　強引に何かに結びつけて発想する「強制連想法」

第6章

似たものをヒントに発想する「類比発想法」

　自由連想法はヒントなしで、強制連想法のヒントは何でもよいのに対し、「類比発想法」は類比なものを探し、それをヒントに発想します。類比とは類似と違って、単に形が似ているのではなく、本質、つまり機能などテーマの基本が似ていることを意味します。このように、類比発想法では、ヒントはテーマに本質的に似たものにするというのが決まりです。

　本章では、日米の代表的な類比発想法を3つ取り上げて、詳しく解説します。類比発想法に特有な進め方を体験してください。

6.1 シネクティクスは アメリカ生まれの類比発想法

1 シネクティクスとはどんな技法か

「シネクティクス」は、アメリカのシンクタンク、アーサー・D・リトル社で新商品開発のプロセスを研究していた、ウィリアム・ゴードンが開発した類比発想法です。

シネクティクスとは、「Sy」(single：単独の)、「nect」(conect：結ぶ)、「ics」(技術)、という意味をもつ造語です。この造語からわかるように、日本の等価変換法やNM法と同様、類比発想法の代表技法です。

もともと新商品の開発など、ハードの開発に用いられていましたが、現在ではソフト面の課題などにも適用されるようになりました。ここでは、シネクティクスのベーシックな活用法を紹介します。

2 シネクティクスの進め方

シネクティクスの基本的ステップは、以下のとおりです。

(1)問題提示

(2)専門家による分析と解説

(3)解決試案の発想

(4)解決目標の設定

(5)類比発想の問いかけ

(6)類比の発想(①直接的、②擬人的、③象徴的)

(7)類比の選択

(8)類比の検討

(9)強制適合

(10)解決策作成

図6-1　シネクティクスの進め方

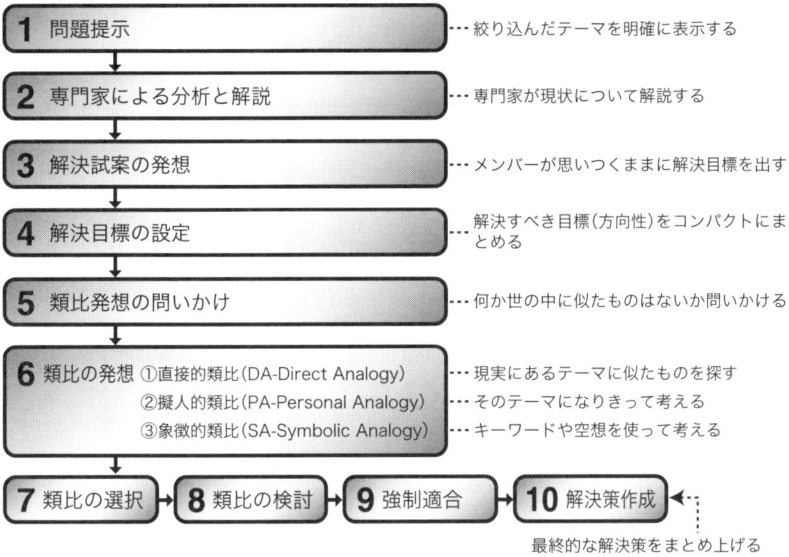

1 問題提示　　　　　　　　　　　　　… 絞り込んだテーマを明確に表示する

2 専門家による分析と解説　　　　　　… 専門家が現状について解説する

3 解決試案の発想　　　　　　　　　　… メンバーが思いつくままに解決目標を出す

4 解決目標の設定　　　　　　　　　　… 解決すべき目標（方向性）をコンパクトにまとめる

5 類比発想の問いかけ　　　　　　　　… 何か世の中に似たものはないか問いかける

6 類比の発想　①直接的類比（DA-Direct Analogy）　　… 現実にあるテーマに似たものを探す
　　　　　　　②擬人的類比（PA-Personal Analogy）　… そのテーマになりきって考える
　　　　　　　③象徴的類比（SA-Symbolic Analogy）… キーワードや空想を使って考える

7 類比の選択 → **8** 類比の検討 → **9** 強制適合 → **10** 解決策作成 ←┈

最終的な解決策をまとめ上げる

図6-2　シネクティクス・シート「新しい雨具」

（演習）　「新しい雨具」というテーマで解決策を導き出してください

1 解決目標

2 類比発想

①DA 直接的類比	類比			
	ヒント			
②PA 擬人的類比	ヒント			
③SA 象徴的類比	象徴			
	ヒント			

3 解決策

第6章　似たものをヒントに発想する「類比発想法」

3 シネクティクスの具体的な展開例

シネクティクスの実際を図6-3の「新しい雨具」の例で説明します。

まず「**問題提示**」を受け、その問題を「**専門家が分析し解説**」します。次の「**解決試案の発想**」で、メンバーは思いつくままアイデアを出し合います。「**解決目標の設定**」では、この問題で解決すべきポイントを目標にします。「新しい雨具」なら「傘スタイルでなく、コンパクトに収納できる雨具」などと「**解決目標**」を明確化します。

リーダーは次に「**類比の発想**」を求めます。シネクティクスでは、発想に「①直接的」「②擬人的」「③象徴的」の3つの類比を用います。

「**直接的類比**」では、現実にある事象からヒントを探します。雨具がテーマなら「みの虫」とか「ウェットスーツ」が考えられます。

「**擬人的類比**」は、メンバーがテーマ自体になりきり感想を述べ、他メンバーはそのメンバーに話しかけて、異なった観点を見つけるやり方です。つまり、雨具になりきって考えるのです。

「**象徴的類比**」では、問題の核心を象徴化して表現し、ヒントを探します。たとえば雨具を「コンパクト」と表現し、その本質を考えるのです。そして「**類比の選択**」と「**類比の検討**」をします。

最後に「**強制適合**」で、具体的アイデアにし、「**解決策を考案**」します。

4 シネクティクスの活用法

シネクティクスは商品開発の技法としてスタートしました。日本では文具会社が万年筆のクリップの開発に使った例があります。

しかし現在では、幅広く問題解決の技法として用いられています。ゴードンも「政府予算の効果的配分」のテーマに用いた、と報告しています。また「都市交通のシステム改善」に使われた例もあります。

このように、シネクティクスは代表的な類比発想法といえます。

図6-3 シネクティクス・演習の解答例「新しい雨具」

1 解決目標 傘スタイルでなく、コンパクトに収納できる雨具

2 類比発想

	類比	みの虫	まゆ	ウェットスーツ
①DA 直接的類比	ヒント	きれいにまとめられるものに	頭からスッポリかぶる方式	身体にピッタリで雨をふせぐ素材
②PA 擬人的類比	ヒント	自分が雨具そのものになってみる それが、理想的雨具だと想像し発想する		
③SA 象徴的類比	象徴	コンパクト		天女の衣
	ヒント	ポケットに入れられるサイズ		しわくちゃにならない素材

3 解決策

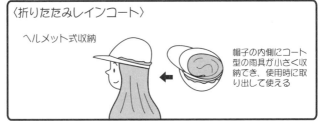

〈折りたたみレインコート〉
ヘルメット式収納
帽子の内側にコート型の雨具が小さく収納でき、使用時に取り出して使える

> **ワンポイント**　「シネクティクスは類比を多角的に活用する技法」

　シネクティクスでの類比発想は「直接的」「擬人的」「象徴的」の3種類です。類比というと、一般的にはこの中の「直接的」だけに限られがちです。上の図6-3「新しい雨具」の例で考えてみます。

　直接的類比の「みの虫」とか「まゆ」などはすぐに思いつきます。しかしシネクティクスでは、そのものになりきる擬人的類比も使います。これは問題解決法としては、態度技法の心理劇などに近いやり方です。

　また、象徴的類比として「コンパクト」など抽象的な言葉や、「天女の衣」のような空想物などからの発想も求めます。このようにシネクティクスは類比の範囲を広く考え、発想させるのが特徴です。

第6章　似たものをヒントに発想する「類比発想法」

6.2 ゴードン法は 真の課題を隠して発想する技法

1 ゴードン法とはどんな技法か

　シネクティクスの創始者ゴードンは、「ゴードン法」も開発しました。これは、問題解決会議の始めには「真の課題」を明らかにせず、抽象的な「討議課題」を出すことで固定観念から離れさせ、抜本的アイデアを発想させるというユニークな技法です。

　真の課題を知っているのはリーダーだけです。たとえば「新しいゴミ箱」のアイデアを考えるのに、メンバーには「入れる」という討議課題を提示し、さまざまな「入れ方」を自由連想法で出させます。リーダーは、第1会議では広範囲にヒントが出るようリードします。そして第2会議で、真の課題である「新しいゴミ箱」を提示し、出たヒントと真の課題を強制連想により結びつけて解決策を考えさせます。

　メンバーから出されたヒントに、真の課題と本質的に似た例（類比）があれば、最適な解決策が考えられるでしょう。

　私は、「ゴードン法」を類比発想法に分類しています。

2 ゴードン法の進め方

ゴードン法の具体的な進め方を解説します。

(1)真の課題からゴードン法の課題(討議課題)を見つける

　真の課題が「新しいゴミ箱」なら、第1会議の討議課題は「入れる」、「新型缶切り」なら「開ける」、「ハサミ」なら「分ける」などになります。

(2)第1会議を実施する

　では、「新しいゴミ箱」を例に取り上げてみましょう。以下にそのチーム会議の流れを紹介します。

図6-4 ゴードン法の進め方「新しいゴミ箱」

第1会議
1. 討議課題の提示「入れる」
2. 第1会議（ブレインストーミング方式）

第2会議
1. 真の課題の提示「新しいゴミ箱」
2. 第2会議（第1会議のアイデアを真の課題に結びつける）

〈討議課題〉「入れる」

（川は支流で分かれる）

〈真の課題〉「新しいゴミ箱」

（分別ゴミ箱）

図6-5 ゴードン法の討議課題の例

真の課題	ゴードン法の討議課題
新しいゴミ箱 →	入れる
新型缶切り →	開ける
自転車 →	運ぶ
新しい歯ブラシ →	汚れをとる
新しいハサミ →	分ける

第6章　似たものをヒントに発想する「類比発想法」

①第1会議ではリーダーが「討議課題」を提示

　　リーダー：「いろいろな『入れ方』（討議課題）を思いついてください」。

②次にメンバーは連想したことを話し、リーダーは応答

　　メンバー：川は2つの支流に水を分けて入れる。

　　リーダー：入れるものを分けるのですね。

　　メンバー：バスケットボールではカゴにボールを入れる。

　　リーダー：人が手で投げて入れるのですね。

(3)第2会議で「真の課題」を示し、第1会議のヒントを活用し発想

①「川の支流」のヒントから「分別型ゴミ箱の着想」を得る。

②「バスケットボール」から「ゴミを投げて入れる着想」を得る。

3　ゴードン法の活用法と変型例

ゴードン法は、リーダーの力量で結果が大きく左右されます。

　また、メンバーには本当の課題が明らかにされないため、欲求不満がたまります。そこで、次のような変型が考えられています。

①真の課題を知らせたうえで、実施する。

②メンバーの半分に、事前に真の課題を知らせる。

③会議を録音し、第2会議で同一メンバーが聞き、解決策を考える。

④第1会議と第2会議のメンバーを変えて、発想させる。

⑤討議課題を、次々と変えて発想させる。

　活用法としては、マーケティング分野なら「新しいイベント」の発想に「興奮」とか「爆発」を討議課題にする、「洗濯機のネーミング」なら「静寂」「回転」を討議課題にする、などが考えられます。

　ゴードン法は、真の課題を最初に出さないという考え方が最大の特徴です。抽象的な課題により固定観念にとらわれないため、飛躍的な発想が出る可能性があります。私はこの発想法は、通常のブレインストーミング法を発想する時にも、積極的に活用すべきと考えます。

図6-6　ゴードン法の実例「バスケット型ゴミ箱」

ワンポイント　「ゴードン法では討議課題の決定がポイント」

　ゴードン法には、真の課題と討議課題とがあります。上の図6-6の例では、真の課題は「新しいゴミ箱」、討議課題は「入れる」です。ゴードン法では、この「入れる」を討議の最初のテーマとして実施します。

　もし討議課題が適切でないと、とんでもないことになります。ゴミ箱の討議課題を考えると、「入れる」だけでなく「貯める」「集める」「収める」「隠す」「しまう」などが考えられます。このそれぞれにメンバーの反応は異なるでしょう。ゴミ箱の発想に最もよい抽象的な討議課題は何かを、リーダーはよく考えなくてはなりません。

　討議課題は1つではなく、解決のヒントが見つかるまでいくつ取り上げてもよいのです。

6.3 NM 法は日本生まれの使いやすい類比発想法

1 NM 法とはどんな技法か

「NM 法」は、創造工学研究所所長の中山正和さんが考案した類比発想法で、中山正和さんの頭文字をとってつけられた名前です。

NM 法は、類比発想法の日本の代表的な技法です。この技法の最大の特徴は、手順が明確で、初めての人にも簡単に類比の考え方がわかり、手軽に活用できるところです。NM 法は類比発想を用いることで、発想を飛躍でき、ユニークな解決策を考えるのに有効です。

2 NM 法の進め方

NM 法の進め方は、次のとおりです。
(1) 課題を設定する
(2) キーワード(KW)を決める
(3) 類比(QA)を探し出す
(4) 類比の背景(QB)を探る
(5) アイデアを発想(QC)する
(6) 解決案にまとめる

3 NM 法の具体例

では、具体的な例で解説します。

「課題」はなるべく具体的で、切実なものにします。例として、家族にバレない家庭での「目だたない貯金箱」をテーマにします(図 6-9)。

次は「キーワード(KW)の決定」です。課題の本質を表すもので、物なら基本的には機能になります。この場合、本質的な機能だけでなく、

図 6-7　NM法の進め方

1. 課題を設定する
2. キーワード(KW)を決める：(KW-Key Word)
3. 類比を探し出す：(QA-Question Analogy)
4. 類比の背景を探る：(QB-Question Background)
5. アイデアを発想する：(QC-Question Conception)
6. 解決案にまとめる

図 6-8　NM法の実例「新しいポットの開発」

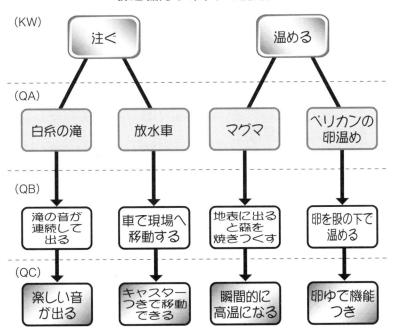

第6章　似たものをヒントに発想する「類比発想法」

付加的な、あるいは希望する機能でもよいです。貯金箱なら「貯める」「集める」「隠す」「しまう」などがあげられます。

次に「**類比の探究(QA)**」をします。キーワードから「たとえば…のように」と思いつくまま、類比の実例を探します。この例「貯める」では「ゴミ箱」、「隠す」では「忍者屋敷の回転扉」が出されました。

そして「**類比の背景(QB)**」探しで、「それはどうなっているか」考えます。例の「ゴミ箱」では「可燃物と不燃物を両備したもの」、「忍者屋敷の回転扉」では「壁が回転して中に人が入る」などが出ました。

次は「**アイデア発想(QC)**」です。頭の中でヒントの類比イメージを広げ、強引に課題と結びつけて発想します。例では「壁が回転して中に人が入る」から「貯金箱の上にフタをして見えなくする」と「回転して隠れる仕組みを考える」という2つのアイデアが出ました。

最後は、多角度から大量に出したアイデアを眺め、課題の「**解決案**」を考えます。各ステップごとにカードを用いますが、最終案を考える時は、QCカードから使えるアイデアだけを探し出し具体策を考えます。

例では「筒形の貯金箱」、「鉛筆立てと兼用」、「回転して隠れる仕組みに」などから「へそくり貯金箱」という商品にまとまりました。

④ NM法の活用法

NM法は手順が明確で大変使いやすい技法なので、慣れれば手順どおりにやらなくても、自然に類比発想をすることが可能になります。

基本的には商品開発などに用いられますが、ソフト面の課題にも十分活用できます。たとえば「創立記念のパーティ企画」ならキーワードを「集う」「奇抜」「厳粛」などにして考えるのです。

中山さんは、「NM法は発想を多面的に展開するのに便利なので、問題解決に使うばかりでなく、頭の体操として思考を幅広くするための訓練に活用するといい」と私に語ってくれました。

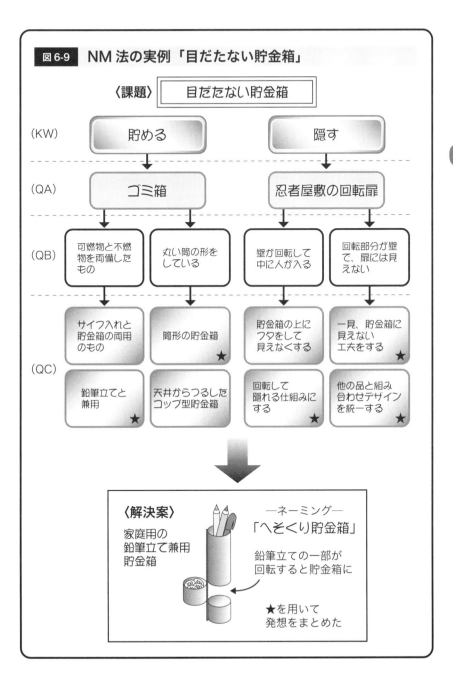

第 **7** 章

アイデアやデータのまとめは「収束技法」と「統合技法」で

　発散技法がデータやアイデアを発想する技法なのに対して、「収束技法」は発想されたデータやアイデアをまとめる時に使う問題解決技法です。この収束技法は、データやアイデアを内容の類似性で集める「空間型法」と、流れでまとめる「系列型法」、それに「評価技法」に分かれます。

　そして、1つの技法の中に発散技法と収束技法が入った技法は「統合技法」です。

　本章では、代表的な収束技法と統合技法を8つ取り上げて、その進め方を詳しく解説します。まとめる時に使うこれらの技法をしっかり理解してください。

7.1 　収束技法
特性要因図法は
　　問題の原因を発見する技法

1 　特性要因図法とはどんな技法か

　「特性要因図法」は、その「問題」にどのような「原因」があるのかを探るための方法で、収束技法の系列型の手法です。

　「特性要因」とは、「問題の原因」の意味です。そこで特性要因図法は、問題がどんな原因（要因）で起きているか図解化（特性要因図）し、問題点を把握して解決を考える手法です。

　日本では QC 活動の重要な技法として大変よく活用されています。また「特性要因図」は、形の特徴から「魚の骨法」（フィッシュ・ボーン）、あるいは創案者の名前から「石川ダイアグラム」とも呼ばれます。

　図 7-2 の矢印の先端には「特性」、つまり問題を記入します。そして、その特性に影響を与える原因の「特性の要因」を考えます。特性の要因は大要因から小要因の順に背骨、大骨、中骨、小骨に分けます。

　特徴としては、問題のあらゆる要因をその因果関係を含めて、もれなくまとめることができる点です。そして、1 つの図に示すことによって、改善すべき重要な要因の発見が容易にできるというわけです。

2 　特性要因図法の進め方

　特性要因図法は、次のような手順で実施します。
(1) 特性（問題自体）を決める
(2) 特性の要因（問題の原因）を洗い出す
(3) 特性要因図を作成する
(4) 重点要因を探し分析する

　まず「**特性**」、つまり何が問題か、問題自体を決めます。その時には

図7-1 特性要因図法の進め方

1. 特性(問題自体)を決める
2. 特性の要因(問題の原因)を洗い出す
3. 特性要因図を作成する
4. 重点要因を探し分析する

図7-2 特性要因図「魚の骨(フィッシュ・ボーン)」

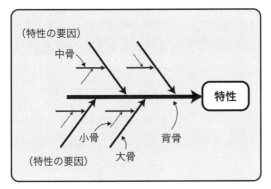

「特性(問題)」の「要因(原因)」を関係者がカードに書き出し、似た内容ごとに大・中・小のくくりに分類。不要なカードは捨て、追加もして、左のようにレイアウトする。

> **ワンポイント**　「特性要因図法もポスト・イットを使うと、うまくいく」

特性要因図法は、もともとはカードを使用する方法ではありません。しかし、さまざまな要因を洗い出すには、カード法が便利でしょう。要因をポスト・イットに書き出し、A3用紙を数枚用いてまとめましょう。

第7章　アイデアやデータのまとめは「収束技法」と「統合技法」で

欠点列挙法などで、困った問題やこうあってほしいと希望する、いろいろな問題の中から選び出します。そして、「何が、どうなっているか」がわかるようにできるだけ「名詞＋動詞」という表現にします。

続いて「**特性の要因**」、つまり問題の原因を洗い出します。問題をかかえる人が、カードBS法などで次々と原因をカードに書き出します。

次は、「**特性要因図**」を作成するステップです。原因カードを似た内容ごとに分類し、不要なものを捨て、追加もします。そして、大分類項目は大骨に、そして中骨、小骨と原因カードをレイアウトします。

最後は特性の要因の中から「**重点要因**」を選び、○で囲んだりして問題の重要な原因は何かを明確にします。

③ 特性要因図法の活用法

この技法は、さまざまな現場での問題点を分析し、改善点を見つけ出すような時に有効です。特に小グループでカードBS法などを用いて討議しまとめあげるプロセスは、チームづくりにも大変役立ちます。

QC活動では、この技法は代表的技法として利用されています。たとえば工場で作業工程の改善を考える時、作業チームのメンバーが集まり、現在の作業工程の問題点を話し合います。それを特性要因図法にまとめ上げ、この図をもとに改善策を話し合います。その際、問題箇所をデジカメなどで撮っておいて、現場の状況を画像で見ながら話し合い実施すれば、いっそう具体的な問題点が把握できるでしょう。

特性要因図法は事務や営業の改善などにも幅広く用いられています。

事務作業の「ムリ・ムダ・ムラ」の原因は何かといった事務の改善などにも使えます。また、「わが社は若者の定着率がなぜ低いのか」などのような人事問題にも活用できます。さらに、営業で「新商品の売上げが伸びないのはなぜか」といったような問題にも活用できます。

このように特性要因図法は、さまざまな問題の把握に万能な技法です。

図7-3 特性要因図の例「発電装置トラブルの原因」

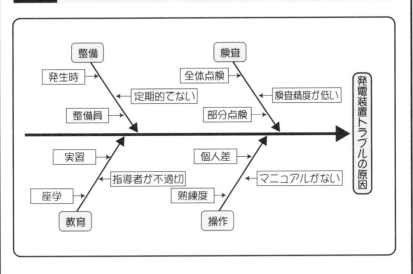

図7-4 特性要因図の例「なぜ『引きこもり』が増えているのか」

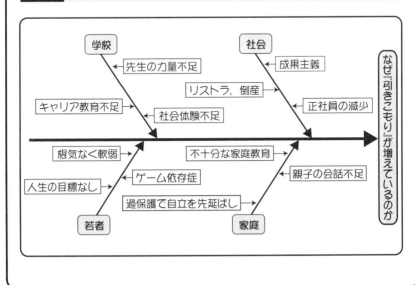

第7章　アイデアやデータのまとめは「収束技法」と「統合技法」で

7.2 収束技法
KJ法は日本の代表的な収束技法

1　KJ法とはどんな技法か

　「KJ法」は、文化人類学者で東京工業大学名誉教授の川喜田二郎さんが、世界各地での現地調査の結果をまとめるために考案しました。

　これは、さまざまな現場データやアイデアなど、多様な情報をカードに記入し、データのもつ意味を汲んで、内容が本質的に似たものを集約し、そこから新たな仮説を発見しようとする技法です。

　KJ法という名称は、川喜田さんの頭文字から、私が創造性の研究団体・日本独創性協会の委員長の時に仲間と一緒に名づけたものです。

2　KJ法の進め方

　KJ法は、基本的に次のように進めます。

(1)テーマを決める

　テーマを明確にし、簡潔なテーマ名をつけます。

(2)アイデアやデータをカードに書く

　カードBS法(p.52)などを使って「1枚のカードに1データ」の原則で、各人が次々とアイデアやデータをカードに記入します。

(3)カードを集める

　カード化したアイデアやデータで内容が本質的に似ているものを5〜6枚ずつ集めます。まとめきれないカードは単独カードとして残し、新たなアイデアやデータもカード化して追加します。

(4)各カード群にタイトルをつける

　まとめた各カード群に、次の3点に注意して、内容を表すタイトルをつけます。タイトルは、各カードが含んでいる要素を上手にまとめあ

図7-5　KJ法の進め方

1. テーマを決める
2. アイデアやデータをカードに書く
3. カードを集める
4. 各カード群にタイトルをつける
5. 次々と下位から上位のグループにまとめる
6. 模造紙に作図する
7. 作図をもとに文書化したり、発表する

図7-6　KJ法の実例「働きやすい職場とは」

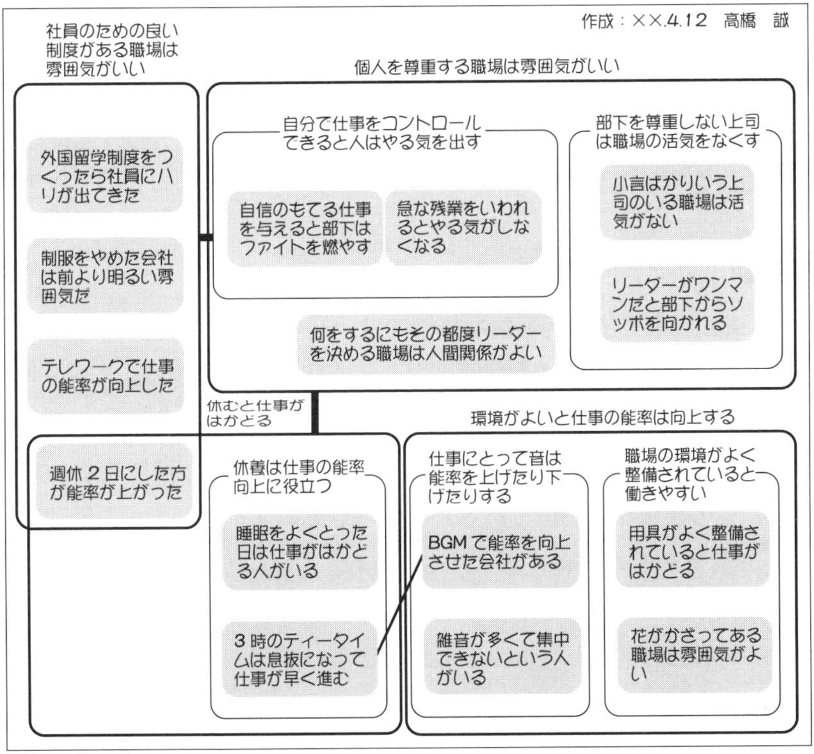

作成：××.4.12　高橋　誠

社員のための良い制度がある職場は雰囲気がいい
- 外国留学制度をつくったら社員にハリが出てきた
- 制服をやめた会社は前より明るい雰囲気だ
- テレワークで仕事の能率が向上した
- 週休2日にした方が能率が上がった

個人を尊重する職場は雰囲気がいい

自分で仕事をコントロールできると人はやる気を出す
- 自信のもてる仕事を与えると部下はファイトを燃やす
- 急な残業をいわれるとやる気がしなくなる
- 何をするにもその都度リーダーを決める職場は人間関係がよい

部下を尊重しない上司は職場の活気をなくす
- 小言ばかりいう上司のいる職場は活気がない
- リーダーがワンマンだと部下からソッポを向かれる

休むと仕事がはかどる

環境がよいと仕事の能率は向上する

休養は仕事の能率向上に役立つ
- 睡眠をよくとった日は仕事がはかどる人がいる
- 3時のティータイムは息抜になって仕事が早く進む

仕事にとって音は能率を上げたり下げたりする
- BGMで能率を向上させた会社がある
- 雑音が多くて集中できないという人がいる

職場の環境がよく整備されていると働きやすい
- 用具がよく整備されていると仕事がはかどる
- 花がかざってある職場は雰囲気がよい

第7章　アイデアやデータのまとめは「収束技法」と「統合技法」で

げて作成します。できるだけ主語＋述語の文章で表現します。

　①カード群の内容の要点を押さえる

　②内容の一部のみの表現は避ける

　③他カード群のタイトルと重複しない

　各タイトルは、カードに別の色のマーカーで記入します。

(5)次々と上位グループにまとめる

　カード群や単独カードを小グループから中グループへとまとめ、それらに別の色のマーカーでタイトルをつけ、さらに中から大グループにまとめ、大タイトルをつけ、なるべく 10 以内のグループにします。

(6)A3 用紙や模造紙に作図する

　大グループや大グループに入らなかった中・小グループや単独カードを、親近性のあるものは近づけ A3 用紙や模造紙に貼りつけ、グループごとに囲んだり、グループ間の関係を矢印など(←、↔)で結びます。

(7)作図をもとに文章化したり発表する

　この図をもとに文章にしたり、プレゼンに用います。

3　KJ 法の活用法

　KJ 法は収束技法の代表的な技法です。発散技法で出された情報をまとめるのに適し、日本独特のカードを使う技法の先駆けでもあります。

　KJ 法は、問題の全体像が不明確な時に、重要な問題のありかを見つけるのに有効です。「データをして語らしめる」という川喜田さんの言葉が、この技法が帰納法であることを表しています。

　解決策をまとめる時にも KJ 法は使えます。KJ 法は日本では小集団活動の代表技法として定着しました。さまざまな組織の問題解決チームが、この技法を活用し、商品の改善や職場の問題解決に用いています。

　創造的な問題解決にこの KJ 法は幅広く活用できます。また、小集団で実施することで意識統一がはかれるという副次効果もあります。

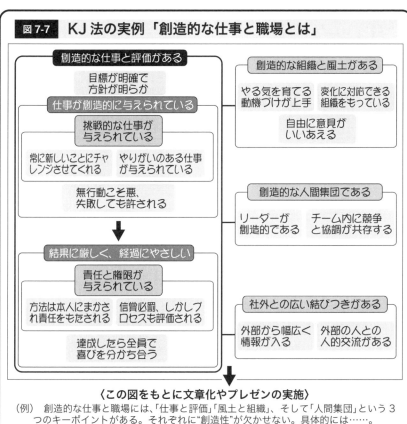

図7-7 KJ法の実例「創造的な仕事と職場とは」

〈この図をもとに文章化やプレゼンの実施〉
(例) 創造的な仕事と職場には、「仕事と評価」「風土と組織」、そして「人間集団」という3つのキーポイントがある。それぞれに"創造性"が欠かせない。具体的には……。

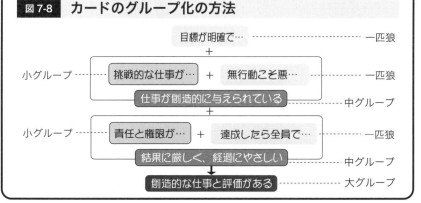

図7-8 カードのグループ化の方法

7.3 収束技法
ブロック法は
大量データを即時に処理する技法

1 ブロック法とはどんな技法か

現代は大量のデータを短時間で処理することが求められます。

私の会社はネーミング開発の仕事もしています。東京ドームの愛称「BIG EGG」、郵便小包「ゆうパック」、建築用品の事業部名「TOSTEM」など、300以上を開発しました。これらネーミングの発想では1回の会議で1000以上のアイデアを出すことも珍しくありません。

このような仕事用に、発散技法で出した大量データを短時間で素早くまとめる技法として、私が考えたのが「ブロック法」です。

ブロック法とは、データ群を大づかみの「区画(ブロック)」にまとめるという意味から名づけました。

ブロック法は、基本的には4～8名程度の小集団で実施します。このメンバー全員が効率よく参加し、大量のデータを素早くまとめることができるのが、ブロック法の特徴です。それは、たとえ大量のデータでも、ブロック法ではまず各人がカードを分担してまとめ、それをチームで一挙に集約するというやり方をとるからです。

2 ブロック法の進め方

ブロック法は以下のように進めていきます。

(1)司会者を決め、メンバーは4～8名程度にする

(2)アイデアを発想する

カードBS法やカードBW法などで、カードにアイデアを書き出します。

(3)記入されたカードを各人に均等に配分する

(4)各自手持ちカードを、内容が似たもので集め、B4用紙に貼る

図7-9　ブロック法の進め方

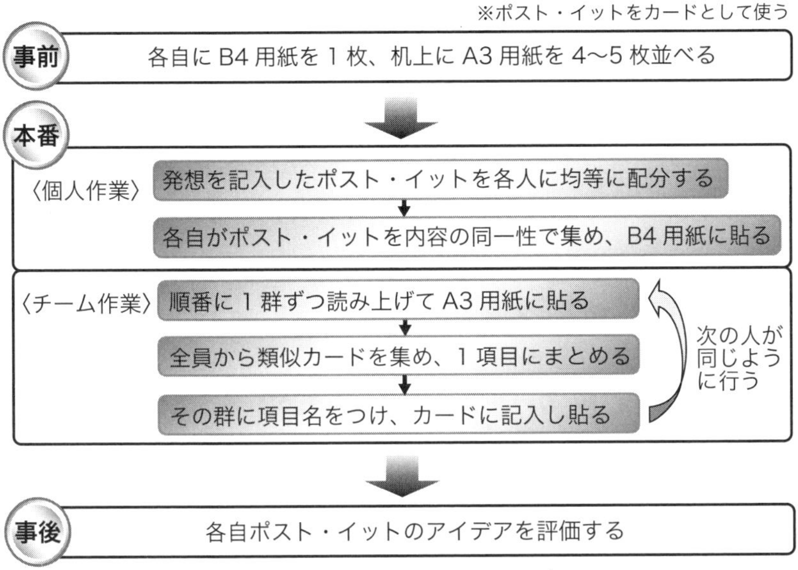

※ポスト・イットをカードとして使う

事前：各自にB4用紙を1枚、机上にA3用紙を4～5枚並べる

本番
〈個人作業〉
- 発想を記入したポスト・イットを各人に均等に配分する
- 各自がポスト・イットを内容の同一性で集め、B4用紙に貼る

〈チーム作業〉
- 順番に1群ずつ読み上げてA3用紙に貼る
- 全員から類似カードを集め、1項目にまとめる
- その群に項目名をつけ、カードに記入し貼る

（次の人が同じように行う）

事後：各自ポスト・イットのアイデアを評価する

図7-10　ブロック法の実例「リーダーに必要な条件」

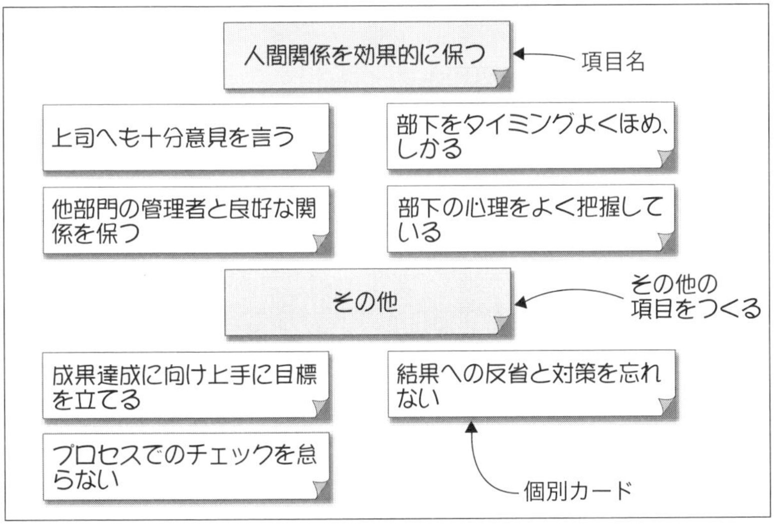

- 人間関係を効果的に保つ　←項目名
  - 上司へも十分意見を言う
  - 部下をタイミングよくほめ、しかる
  - 他部門の管理者と良好な関係を保つ
  - 部下の心理をよく把握している
- その他　←その他の項目をつくる
  - 成果達成に向け上手に目標を立てる
  - 結果への反省と対策を忘れない
  - プロセスでのチェックを怠らない

（個別カード）

第7章　アイデアやデータのまとめは「収束技法」と「統合技法」で

(5) A3 用紙を 4～5 枚、机上に並べる

(6) 順番に 1 群ずつカード群を出し，机上の A3 用紙に貼る

　司会者の左隣の人から、手持ちの全カードの中から 1 つの群を読み上げて机上の A3 用紙に貼っていきます。

(7) カード群を 1 つの項目にまとめる

　他のメンバーは、そのカード群と同一内容のカードがあれば読み上げて真ん中に出し、A3 用紙にまとめて貼ります。

(8) まとまったカード群に項目名をつける

　そのカード群を出した人が中心になり、カード群の項目名を考えて別色のカードに書き、カード群の上に貼ります。

(9) 次の人が手持ちのカード群を 1 つ読み上げて A3 用紙に貼る

(10) 以下、同様にしてすべてのカードがまとまるまで続ける

(11) すべてのカードを A3 用紙に整理して貼る

　なお、カードのまとめは 1 項目当たり原則として 10 枚以内とします。そして「その他」の項目もつくり、それまでにまとめきれなかったカードを「その他」にまとめます。

3　ブロック法の活用法

　このようにブロック法を使えば、800 個程度のカードでも、慣れてしまえば 4～8 人のメンバーで、30 分もあればまとまってしまいます。

　ネーミング開発では 1000 アイデアを出して、使えるのが 3 つくらいしかないというケースは珍しくありません。ですから、このようなスピーディで大量のアイデア整理法が必要なのです。

　ブロック法は、商品開発のアイデアをまとめる時にもよく使います。また、アンケート調査で大勢の人の自由回答をまとめるのにも利用できます。現代のビジネスでは、大量のアイデアをまとめる場面が多くあります。ブロック法はそのための最適な技法です。

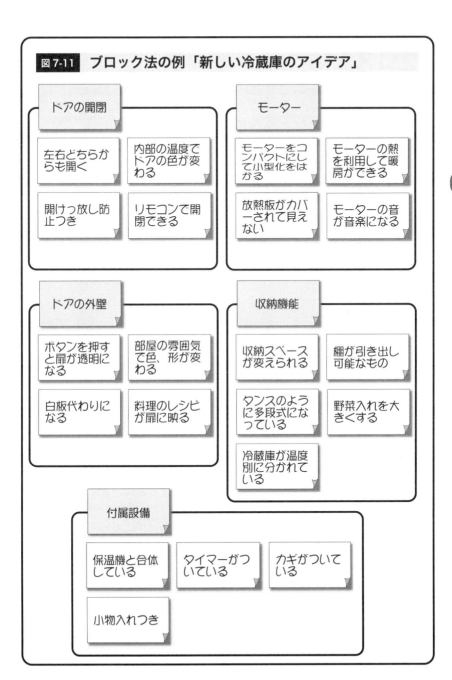

第7章 アイデアやデータのまとめは「収束技法」と「統合技法」で

7.4 収束技法

クロス法は
収束と評価を一挙に行う技法

1 クロス法とはどんな技法か

1. クロス法のヒントは7×7法(セブン・クロス・セブン法)

「クロス法」はアメリカの経営コンサルタント、カール・グレゴリーの「7×7法」(セブン・クロス・セブン法)をヒントに私が創案しました。

7×7法では、まず縦7、横7で仕切られたラック・ボードと、IB(アイデアビット)スリップという名の名刺サイズのカードを用意します。そして、IBスリップにアイデアや情報を1枚1件で記入します。

そして、そのIBスリップ群を内容が似た同士で7つ以内の群に集め、各群に項目名をつけます。その項目名カードをボードの一番上に重要度順に左から右へと配列します。最後に、各群内のIBスリップを上から下へ重要度順に7つ以内で配列します。7×7に収まらないIBスリップは捨て、IBスリップ同士を結合したりします。

つまり、7×7法は多数データを7×7＝49以内のカードに絞り込み、重要度の順で評価する技法です。アイデアをまとめると同時に、評価までしてしまうということで、私はこの技法がとても気に入りました。ただし、カードが少し大きすぎる、ラック・ボードをいちいちつくるのが面倒など、使い勝手の面で難点がありました。

2. クロス法は手軽に使えるよう工夫された技法

そこで、私が考えたのが「クロス法」です。クロス法は、収束と評価を一気に行う7×7法の利点を活かし、身近に使える工夫をしました。

カードはすぐ手に入るポスト・イットに、ラック・ボードの代わりにA4サイズのクロス法シート(図7-13参照)を使います。これならすぐコピーが可能です。また、縦と横を7にこだわらないこととしました。

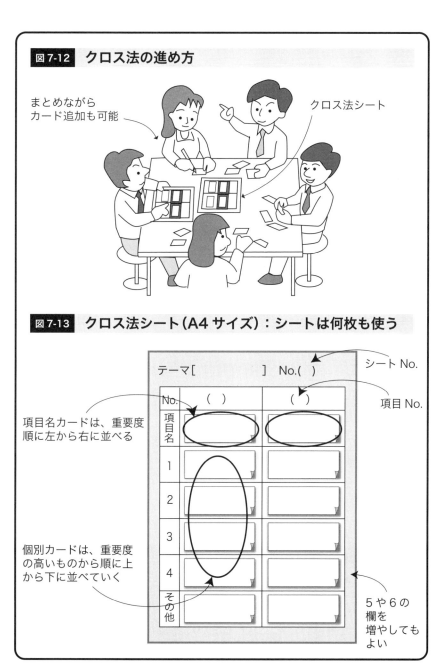

2 クロス法の進め方

クロス法の進め方は次のとおりです。

(1) データ発想：カード BS 法などで具体的にデータやアイデアを発想し、カード（2.5cm × 7.5cm のポスト・イット）に記入します。

(2) カード広げ：発想した全カードを A3 用紙に貼り、よく読みます。

(3) 項目に分類：内容が似たカードを集めます。1 グループは 10 枚以内とし、まとまらないものは「その他」の項目に入れます。

カードが多い場合はブロック法を用いてまとめます。

(4) 項目名の決定：項目内のカード群の内容をよく理解して、別色のカードに項目名を記入し、各グループの上に貼ります。

(5) シート準備：図 7-13 のような A4 サイズのクロス法シートを用意して、机上に 4 ～ 5 枚並べます。

(6) 項目順位の決定：各カード群の順位を重要度の順に決め、決まったらクロス法シートの項目名欄に項目名カードを貼ります。

(7) 項目内順位の決定：各項目別のカードを重要度の順にして、クロス法シートの項目ごとに上から下へと貼ります。6 位以下は捨てます。

(8) 図解完成：全クロス法シートの上にテーマ名とシート No. と、項目 No. を記入して、終了します。

つまり、上位にあり左側に寄っているものほど重要なカードです。

3 クロス法の活用法

図 7-14 の例は課題解決用の例ですが、クロス法は事実データをもとに重要データを分析し、判断する問題把握ステップでも使えます。

クロス法は、クロス法シートとポスト・イットさえ準備すれば、いつでもどこでも実施可能です。まとめながら評価もしてしまうという大変便利な方法ですので、ぜひゲーム感覚で実施してみてください。

図7-14　クロス法の例「電話を3分以内で済ます方法」

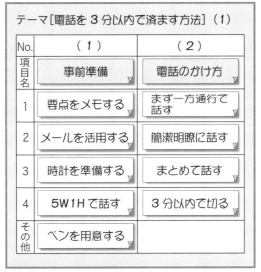

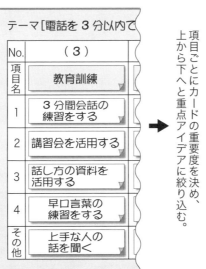

第7章　アイデアやデータのまとめは「収束技法」と「統合技法」で

7.5 収束技法
ストーリー法は
文章やスピーチのまとめに最適な技法

1 ストーリー法とはどんな技法か

　イベント計画の立案や、講演内容や文章のまとめに、気楽で手軽にできる方法はないかと考え、私が創案した技法が「ストーリー法」です。

　ストーリー法という名は、発散技法で出したデータやアイデアを因果や論理の「流れ」でまとめることから名づけました。ですから、ストーリー法は、収束技法の系列型の技法といえます。

　文章作成が苦手な人、スピーチ原稿をどう書いてよいか悩んでいる人などには最適の技法です。

2 ストーリー法の進め方

　ストーリー法は次のようにして進めます。

(1)データやアイデアをカードに記入する

　図7-16を例にすると、「新人を早く職場に慣れさせる」アイデアを思いつくまま、1カード1アイデアの原則で書き、手元のA3用紙に貼ります。カードはポスト・イットが便利です。

(2)カードを展開するレイアウト用紙を準備する

　カードが貼られたA3用紙を左側に置き、その右側にB4サイズのレイアウト用紙を縦長にして置きます。B4用紙を縦に3つ折りし、上部に「主行動」「内容や事例」「補足や詳細」と記入します(図7-16)。

(3)カードをB4用紙にレイアウトする

　全カードを見て、主な行動の流れを示すカードをB4用紙の左側の「主行動」の欄に、上から下へと貼ります。次に各行動の主な内容や具体例のカードは真ん中の「内容や事例」の欄に、内容の補足や詳細を説

114

図7-15　ストーリー法の進め方

レイアウト用紙を用意 → **カードを用紙にレイアウト** → **テーマ名、記号を記入する**

- レイアウト用紙を用意
  - ①B4用紙を縦に3つに折る
  - ②用紙の上にテーマ名を記入するスペースをとる
  - ③主行動・内容や事例・補足や詳細などを記入

- カードを用紙にレイアウト
  - ①主行動〈左側の縦欄に〉：主要なカードを縦に並べる
  - ②内容や事例〈中間の縦欄に〉：主行動カードの内容や事例のカードを置く
  - ③補足や詳細〈右側の縦欄に〉：主行動の補足などのカードを置く
  - ④追加のカードをつけ加える

- テーマ名、記号を記入する
  - ①上にテーマ名を書く
  - ②流れは矢印(→)
  - ③並行作業は二本線(=)
  - ④関連作業は実線(—)や点線(…)

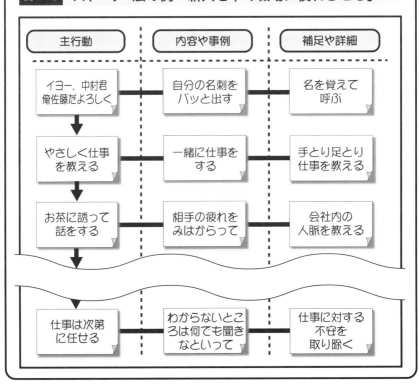

図7-16　ストーリー法の例「新人を早く職場に慣れさせる」

第7章　アイデアやデータのまとめは「収束技法」と「統合技法」で

明するカードは右の「補足や詳細」の欄に縦に並べます。

(4)追加カードを作成する

　この段階で、新たに発想したカードを追加します。最初のカードをすべて使う必要はありません。むしろ追加カードを増やすよう努力します。追加カードが豊富なほどよく練られたものになるからです。

(5)テーマ名と記号を記入する

　テーマ名を決めてレイアウト用紙の一番上に記入します。また、（流れや因果は：→）（関連ありは：─）などの記号を記入します。

3　ストーリー法の活用法

　ストーリー法は文章やスピーチ原稿の作成などに大変便利な技法です。以下にストーリー法で文章を作成する時の進め方を紹介します。

■ストーリー法で文章を作成する

文章の作成には次の3つの手順があります。

(1)内容発想　　(2)構想立案　　(3)文章作成

　まず文章の「**内容発想**」では、カードに思いつきを書き、A3用紙に貼ります。次の「**構想立案**」でストーリー法を使います。カードが貼られたA3用紙を左側に、レイアウト用のB4用紙を右側に置き、文章の流れを考えて、A3用紙のカードをレイアウト用紙に移します。そして追加カードを記入したり、直接レイアウト用紙に書き込んだりします。

　カードを貼ったら、執筆配分の枚数を用紙に記入し、後はその用紙を使ってパソコンなどで「**文章を作成**」します。ストーリー法は文章作成のステップを細かく分けて行うので、各作業に思考が集中できます。

　スピーチ内容を考えるのも同じです。ストーリー法のレイアウト用紙を台本にして使えば、安心して話ができます。

　このようにストーリー法は、何か考えをまとめる時に大変役立ちます。私は論文や原稿の下書きの時、この技法を多用しています。

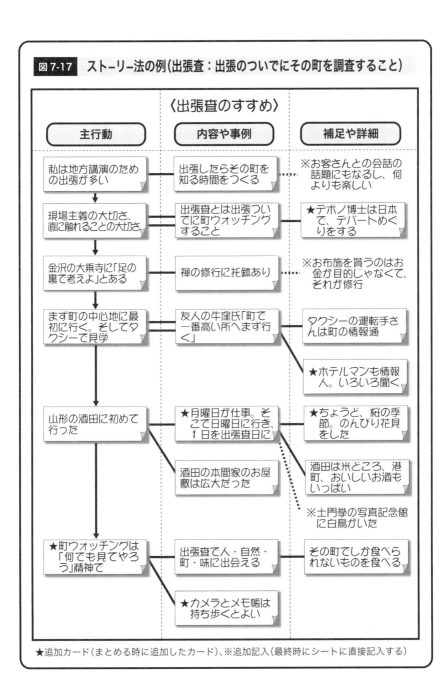

図7-17 ストーリー法の例(出張査:出張のついでにその町を調査すること)

第7章 アイデアやデータのまとめは「収束技法」と「統合技法」で

7.6 収束技法
カードPERT法は手軽にできる計画技法

1 カードPERT法とはどんな技法か

プロジェクト管理の技法で最も活用されているのが「PERT法」です。**「カードPERT法」は、カードを用いてPERT法が簡単に使えるよう、私が開発した技法です。** PERT法の作成は作業のレイアウトが複雑で、手間がかかります。パソコンなどのPERT法のソフトも使いやすくなってきましたが、「カードPERT法」の手軽さにはかないません。

カードPERT法はカードに作業を書き、レイアウトする技法です。

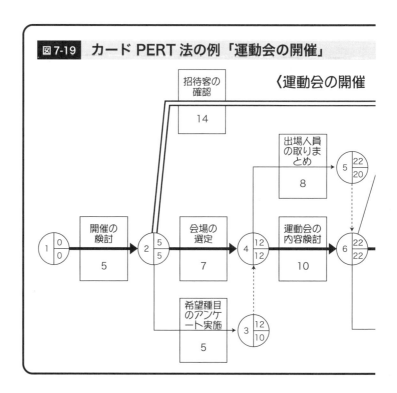

図7-19 カードPERT法の例「運動会の開催」

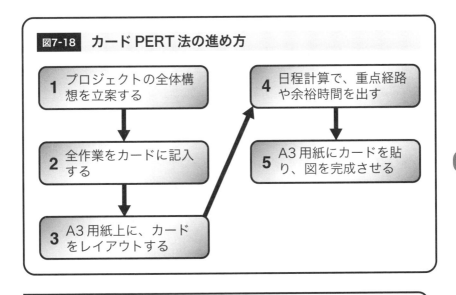

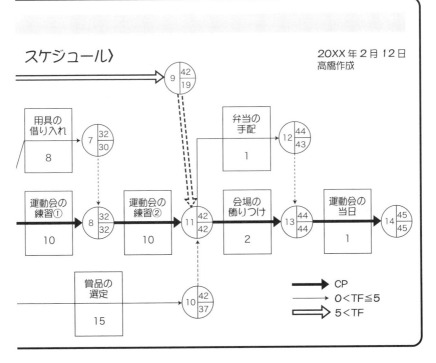

第7章　アイデアやデータのまとめは「収束技法」と「統合技法」で

カードなので何度でも流れをつくり変えることができるため、レイアウトが大変楽に行えます。それがこの技法の特徴といえます。

2 カードPERT法の進め方

カードPERT法の進め方を図7-19「運動会の開催」を例に説明します。

(1)プロジェクトの全体構想を立案する

(2)全作業をカードに記入する

シールタイプのカード（「コクヨのドットライナーラベルメモ白色」（品番X-L1005-W：50mm×25mm）が最適）を作業カードとし、真ん中に線を引き、上に作業名、下に日数（時間）を記入します。

(3)A3用紙上に、カードをレイアウトする

A3用紙を何枚か横にして並べ、そこに主な作業カードは真ん中に、並行作業のカードは主作業の上下に、すべての作業カードを左から右へ配置していきます。

(4)日程計算で、重点経路や余裕時間を出す

(5)A3用紙にカードを貼り、図を完成させる

A3用紙にカードを貼り、イベントナンバーと時間記入用の丸型のスタンプ（図7-20①）を押して、作業矢線（──→）やダミー（┈┈→）（図7-20②）をA3用紙に記入します。スタンプでなく手で書いてもかまいません。

■日程計算の進め方（図7-20③）

各スタンプ⑤㉒₂₀の左側にイベントナンバーを、右の上欄にTL（最遅終了時間）の数字を、右の下欄にTE（最早開始時間）を入れます。

①最早開始時間（TEと略す）

TEとは最早開始時間のことで「この時間までに前の作業は終了し、後の作業が最も早くできる時間」です。計算は、作業時間を左から右へ順に足していき、作業が2つ以上あれば、最大値をとります。

図 7-20 カード PERT 法の使用記号と計算式

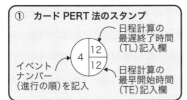

① カード PERT 法のスタンプ

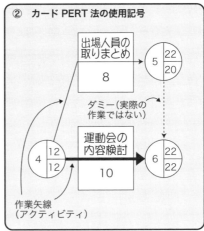

② カード PERT 法の使用記号

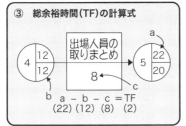

③ 総余裕時間（TF）の計算式

図 7-21 カード手順法の例「倉庫の建築計画」

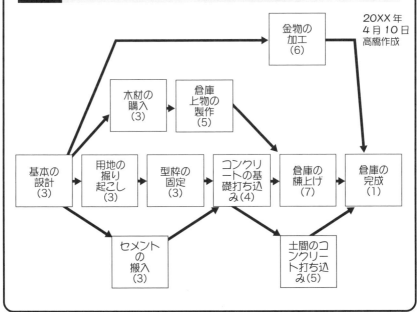

20XX 年 4 月 10 日 高橋作成

第 7 章　アイデアやデータのまとめは「収束技法」と「統合技法」で

②最遅終了時間(TL と略す)

各スタンプ ⑤22/20 の右上欄の数字は最遅終了時間、つまり「この時間までに作業を終えないと次の作業の開始が遅れる」時間を意味します。計算は、最後から作業時間を次々と引き、そのイベントから出る作業が2本以上あればその中の最小値をとります。

③総余裕時間(TF と略す)

TE と TL を計算すると作業ごとに余裕時間がわかってきます。「出場人員の取りまとめ」の TF なら、22 − 12 − 8 ＝ 2(日)になります。

④重点経路(CP と略す)

総余裕時間を計算すると、TF がゼロの経路、つまり余裕ゼロの重点経路(CP)が出ます。この経路が最長時間の経路で、全体作業を減らすにはこの重点経路から減らすことが先決となります。

■図表作成

＜ PERT で用いる記号＞

①**イベント**：◯├で表示され、各作業の開始と終了を示します。イベントナンバー(◯の左側)は矢線の順に左から右へと増えていきます。

②**アクティビティ(矢線)**：時間を使う作業はすべて実線の矢線(——→)で表示します。矢線の上に作業名、下に所要時間を書きます。

③**ダミー(偽似作業)**：点線の矢線(·····→)で表し、作業はないが仕事の流れを示す時に用います。

3 カード PERT 法の活用法

そもそも PERT 法は米軍が原子力潜水艦の製造を早めるために考案した技法で、アメリカではプロジェクト管理の代表的な技法です。

日本でも造船や建築作業の工程管理の技法として用いられ、普及しました。その後、新商品開発の作業管理、イベントの進行管理、商店の開店作業の管理など、さまざまな作業管理に活用されています。

カード PERT 法は、この PERT 法をカードと私が考案した独自スタンプ⊕を用いて簡単にできるよう工夫したものです。もちろん独自スタンプでなく、手書きでもかまいません。また、カードは何を使ってもかまいません。大切なのはスケジュール管理をもれなく考えるため、関係者がなるべく全員でこの作業を実施するということです。

このカード PERT 法でも面倒だという方にもっと簡便なやり方を紹介しておきます。それは「カード手順法」(図 7-21 参照)です。

4　カード手順法の進め方

「カード手順法」は、ポスト・イットのカード(38mm × 50mm サイズ)を使って作業スケジュールを簡便に作成する技法です。

カード手順法の進め方を説明します。

(1)全作業をカードに記入する

カードの上にプロジェクトの作業名、下に作業時間を記入します。発散思考で思いつくまま記入します。

(2)A3 用紙を数枚用意する

(3)A3 用紙に、カードをレイアウトする

A3 用紙に作業の順に左から右、そして並行作業は上下とカードをレイアウトします。途中で思いついた作業もカード化して追加します。

(4)カードを矢線(──→)で結ぶ

作業に漏れがないかをチェックしたら、カードとカードを矢印の線で結びます。

(5)プロジェクト名、作成日時、作成者名を記入する

最後にプロジェクト名と作成者などを書き込んで終了です。このようにカード手順法は大変簡便な方法です。これでも会社の運動会スケジュールの管理などミニイベントであれば、十分に使えます。大切なのは作業と手順の漏れをなくすことです。

7.7 収束技法
持ち点評価法は
スピーディに結論を出せる評価技法

① 持ち点評価法とはどんな技法か

　問題点や、アイデアが出ると、評価のステップになり、通常は話し合いです。しかし、評価対象が何百もあると、とても時間がかかります。

　そこで私は、評価者全員が同じ持ち点を持ち、平等に評価する「持ち点評価法」を考えました。全員の持ち点が同じで、一斉に持ち点を配分するので、ムダな討論時間が減り、全員が平等に評価できます。

② 持ち点評価法の進め方

　まず、カードBW法などで問題点や、アイデアを出し、書かれたカードなどを、机の上に並べます。そして各自、得点をマーカーで記入します。進め方は、図7-22のようになります。

(1)各自の持ち点を決定(持ち点は、評価者が6人なら以下)

　　①カード数が、100枚程度なら、4〜6点

　　②カード数が、200枚程度なら、8〜10点

(2)全アイデアカードに、以下の方式で持ち点を配分

　　①方式1：各自持ち点を各カードに配分し、2点なら‥と記入します。1カードには持ち点の半分以下しか配分できません。

　　②方式2：持ち点の配分点を全員同じにします。3つの重要アイデアに投票の場合、重要カードを選び、1位なら3(3点)、2位なら2(2点)と記入します。

(3)各カードに各カードの得点合計を赤文字で記入

(4)得点が入ったカードだけ、他の用紙に貼り出す

(5)合計点の高いものを中心にベストアイデアを選ぶ

124

図7-22 持ち点評価法の進め方（アイデア発想のケース）

(1) 各自の持ち点を決定
(2) 全アイデアカードに、持ち点を配分
(3) 各カードに各カードの得点合計を赤文字で記入
(4) 得点が入ったカードだけ、他の用紙に貼り出す
(5) 合計点の高いものを中心にベストアイデアを選ぶ

図7-23 持ち点評価法―方式1

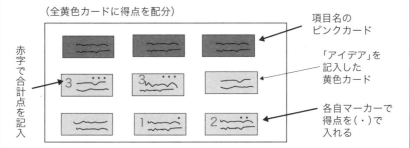

図7-24 持ち点評価法―方式2

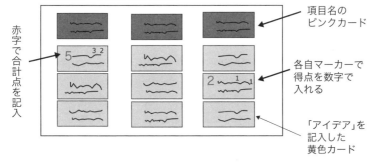

第7章 アイデアやデータのまとめは「収束技法」と「統合技法」で

7.8 統合技法

ハイブリッジ法は
発散と収束を一挙に行う「統合技法」

1 ハイブリッジ法とはどんな技法か

ハイブリッジ法のヒントの「ブリッジ法」は、問題解決の全ステップを1つのフォームで表示するようにと東芝で開発された技法です。

具体的にはカードと模造紙を用い、問題解決の手順を、主としてKJ法を用いて実施するものです。

私も、問題解決の全ステップを一覧できる方法を考えました。それがこの「ハイブリッジ法」です。ハイブリッジ法は問題解決の手順に沿って、発散技法と収束技法を繰り返して問題解決をめざすものです。

「ブリッジ法」ではKJ法という空間型の技法で、用紙は模造紙を用いますが、「ハイブリッジ法」はストーリー法など系列型の技法、そして保存と複写のためコピー用紙を用いるところが異なります。3時間程度の時間で問題解決を一挙にやってしまうのが、この技法の特徴です。

2 ハイブリッジ法の進め方

ハイブリッジ法は次の5つのステップで進めます。

(1)問題設定(自由討論)
(2)問題把握(カードBS法→因果分析法)
(3)課題設定(自由討論)
(4)目標設定(自由討論)
(5)課題解決(カードBW法→ストーリー法)

(1)問題設定では、自由討論で問題を選びます。当事者が解決できる、緊急度・重要度が高い、などが問題を選択する基準です。

(2)問題把握では、問題の原因を「カードBS法」でカードに書き出

図7-25 ハイブリッジ法の進め方（3時間で実施のケース）

ステップ	方　　法	時間
① 問題設定	自由討論	15分
② 問題把握	カードBS法→因果分析法	60分
③ 課題設定	自由討論	15分
④ 目標設定	自由討論	30分
⑤ 課題解決	カードBW法→ストーリー法	60分

※時間は一応の目安

図7-26 職場の問題解決テーマ例

1. **社員問題**
   ①古参社員にやる気がない
   ②若手社員の定着率が悪い

2. **横コミュニケーション**
   ①営業と技術部門との協調性がない
   ②社員とパートとの交流に問題あり

3. **縦コミュニケーション**
   ①上司と部下との意思疎通に欠ける
   ②下の意見をトップがつぶす

4. **商品開発**
   ①当社独自の商品開発がなされていない
   ②新商品の開発に時間がかかる

5. **製造**
   ①製造が納期どおりに上がってこない
   ②製造が計画変更に対し即応できない

6. **販売**
   ①新規顧客の開拓が難しい
   ②商品クレームへの対応が遅い

7. **その他**
   ①結論の出ない会議が多い
   ②社員同士の仕事量に差がありすぎる
   ③ダラダラ残業が多すぎる
   ④社員同士の仕事配分がうまくいっていない

します。その際、「問題に関連するものを多角度から」「文章で具体的に表現」し、「なるべく数量化」して出します。そして重要なカードを15〜20枚選び、「因果分析法」(図7-27①)で原因を追求します。

(3)課題設定では、「若手社員の定着率を10%高める」など、解決の方向を示した「〜する」といった表現にして「課題」を決めます。

(4)目標設定では、重要な原因カードを選び、「〜する」と書き改めて「目標」に、また、将来あるべき理想状況を考え「目標」にします。

図7-27②の例では、原因カードの「社員の教育システムが確立されていない」を、目標1「社員の教育システムを確立する」としました。

(5)課題解決では、目標ごとに具体的アイデアをカードBS法で発想します。そして、目標ごとに解決具体策にまとめるため、アイデアカードをストーリー法でB4用紙にまとめます。

最後に、解決具体策の評価には、次のような「評価基準」を使います。

①課題と各目標の解決策として適切か

②解決主体者とカネ、モノ、ヒトが明確か

③目的が明確で、内容、方法が具体的か

④期間、スケジュールと告知方法がよいか

3 ハイブリッジ法の活用法

ハイブリッジ法を私は創造的問題解決の研修でよく使いますが、多くの参加者から「とても使いやすい」と好評を得ています。

私はハイブリッジ法が高く評価されるのは、創造的問題解決のポイントである、問題解決の手順が明確で、具体的な技法が決められ、短時間で実施できるからだと思います。

この技法は、新商品の開発や改善など、ハード面の問題解決にも利用できますが、職場の問題解決などソフト面の問題にも有効です。なれてしまえば短時間で実施できますので、ぜひ活用をお勧めします。

図7-27 ハイブリッジ法の全体図「若手社員の定着率」

①問題把握（因果分析法）

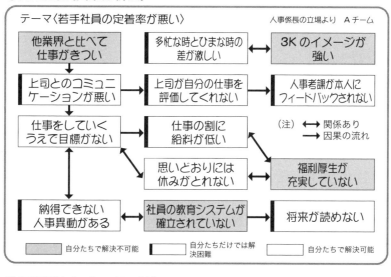

②課題解決（ストーリー法）

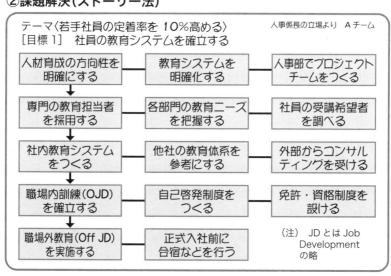

第7章　アイデアやデータのまとめは「収束技法」と「統合技法」で

第 **8** 章

発想からプレゼンまでの 「企画ステップ成功術」

　創造的な問題解決が必要とされる代表的なビジネスシーンは、企画立案の作業といえます。そこで、ここでは企画の各手順で何を注意すべきか、そのポイントを押さえます。

　本章の内容としては、「アイデアの収集法」、現代人のアイデア発想の場所である「考場」と「時間」、「情報収集の進め方」と「企具」、「オリエンテーション」から「プレゼンテーション」までの進め方などです。

　本章で、企画を進めるうえでの具体的な秘訣を学んでください。

8.1 アイデア探しは インターネットと書店や人脈から

1 アイデア探しのトップメディアはインターネット

　総務省の「平成29年度　情報通信メディアと情報行動に関する調査」によれば、「仕事や調べものに役立つ情報を得るメディア」のトップは、「インターネット」で全年代平均が76％。次が書籍の「9％」、次いで「テレビ」の4％です。対象を若・中年層に絞ると、インターネットは10～40代の各年代で85～89％になります。

　このようにインターネットは「仕事や調べもの」に役立つダントツのメディアで、アイデア探しのトップメディアと言ってよいでしょう。

2 アイデア探しは書店や身近な人からも

　私は、アイデア探しの場所や人を調べ「現代人の発想パターン調査」（ビジネスパーソン201人対象：創造開発研究所実施）をまとめました。

　「アイデアを探しに行く場所」のトップは「書店」47％、次に「講演会・セミナー」39％、「街や商店」38％の順でした。書店が1位なのは、日本は図書館があまり充実していないことや多彩な本を見るには書店が適しているからでしょう。3位は「街や商店」です。作家の小松左京さんは、徹底して足で取材し、現地で「問題意識をもち、自分の情念や知識をそこから引き出す」ために毎日平気で10kmは歩いたそうです。

　次に「アイデア探しのため、意識して話をする人」の1位は「職場の同僚」56％、2位「職場の先輩、上司」46％、3位「同年輩の知人」36％、4位は「配偶者や子ども」30％となりました。アイデア探しは、まずは職場の人間ですが、「同年輩の知人」「配偶者や子ども」を含めて、まずは身近な人脈からネタを得ることが多いという結果です。

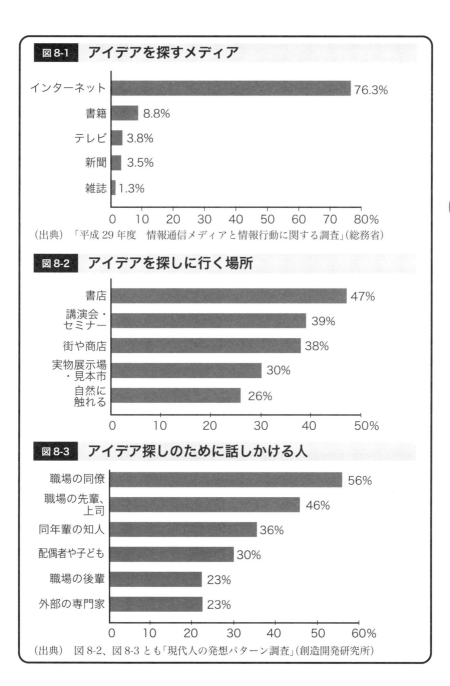

8.2 現代人の「考場」と「発想時間」を考える

1 現代人の「考場」は「乗り物・寝床・風呂場」である

北宋の儒学者である欧陽修は文章を考えるのによい場所として「馬上」「枕上」「厠上（トイレ）」の3上を『帰田録』であげています。

現代人の「アイデアを考えるのに適した所」、つまり「考場」のベスト3は、「乗り物の中」51%、「寝床」40%、「風呂場」31%です（「現代人の発想パターン調査」）。欧陽修の約1000年前と比べると、馬上が車中に代わり、寝床は同じで、厠上が風呂場に代わったわけです。

作家には車中派が多く、松本清張さんは推理小説のプロットを満員電車の中で、遠藤周作さんは小説のイメージをぼんやり車外を眺めて思い浮かべたとのことです。

寝中、つまり寝床型も多く、建築家の菊竹清訓さんは「発想前に問題を考え抜き、眠る。翌日眠りから覚めた瞬間に発想する。このためにベッド脇にスケッチブックを置き、書き留める」といっています。

2 日本人は夜に発想する人が多い

「アイデアが生まれる時」のベスト3は「夕方から夜」42%、「寝入りばな」37%、「深夜」29%。このように発想の瞬間は圧倒的に夜でした。

ノーベル賞受賞者の湯川秀樹博士が「中間子論」を、福井謙一博士が「フロンティア理論」を思いついたのも、まどろみの時と語っています。

また帝国ホテルの総料理長だった村上信夫さんは、新料理法をよく夢で思いつくため、寝床のそばに常にテープレコーダーを置いたそうです。

このように発想は夜、自分1人の時に訪れることが多いようです。

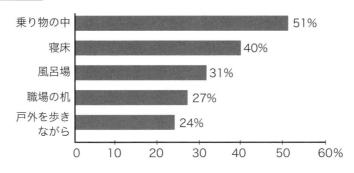

図8-4 アイデアを考える場所（考場）
- 乗り物の中 51%
- 寝床 40%
- 風呂場 31%
- 職場の机 27%
- 戸外を歩きながら 24%

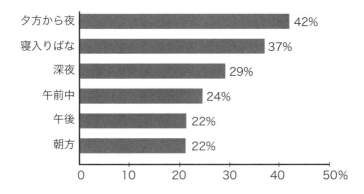

図8-5 アイデアが生まれる時間帯
- 夕方から夜 42%
- 寝入りばな 37%
- 深夜 29%
- 午前中 24%
- 午後 22%
- 朝方 22%

図8-6 発想の瞬間の状況─6つの特徴

1 1人の時が76%
2 夜間が圧倒的に多い
3 他の事をしている時が69%
4 精神的に余裕の時が70%
5 静かな時と音がある時が半々
6 突然ひらめくのが79%

（出典） 上記3点とも「現代人の発想パターン調査」（創造開発研究所）

8.3 情報収集・整理の3原則「規即集」と「企具」を考える

1 情報収集・整理の3原則「規即集」

私は情報の収集と整理は「規即集」の3原則で行うべきと考えます。

①規格化　②即時化　③集中化

私たちは音、活字、映像以外にも感覚器官を使って多様に情報を入手します。つまり、情報自体には規格はありません。だからこそ情報整理には、情報記録ツールを**「規格化」**することがまず大切です。

また、情報はどこでいつ入手できるかわかりません。そこで、いつでも**「即時」**に情報を記録する準備が欠かせません。

そして情報は、自分に価値あるものを選び（これが本当の情報）、いつでも活用できるよう、同じところに**「集中化」**しておくべきです。

2 情報収集・整理のために自前の「企具」を揃えよう

情報活用の主役はあなたです。マクルーハンは「メディアは人間の拡張だ」といいました。情報の収集や企画に活用する用具の「企具」は、人間の脳の代替物なので、企具はなるべく少なくすべきです。

情報収集には、手帳またはノートが便利です。すべての記録をその手帳やノートに記入するのです。即時の記録にはスマホを活用しましょう。スマホは住所録やメモ録として多様に使えます。

一方、視聴覚メディアのレコーダー、CD、DVDやVTRなどは、見直しに長時間かかります。時間を食うメディアは、肉声を残したい、動画を保存したいという用途にのみ利用しましょう。手帳やスマホで記録したものをパソコンに上手に整理すれば、即取り出せます。また、言葉の記録も重要なポイントは活字化しておきましょう。

図 8-7　情報収集・整理の3原則「規即集」

1 規格化
（情報を規格化して整頓する）

2 即時化
（即時に情報を記録する）

3 集中化
（情報を集中管理しておく）

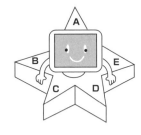

［規格化］　　［即時化］　　［集中化］

図 8-8　パソコンで集中管理する情報活用術

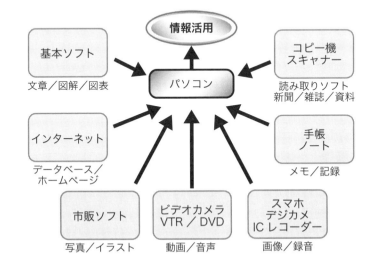

8.4
発想を即座に上手にメモできる 「企具」の活用法

1 情報の収集企具は「カード派」と「ノート派」に分かれる

情報や着想などをメモすることは、問題解決に不可欠です。

「企具」の「**カード派**」の代表は作詞家の阿久悠さんで、6cm平方ほどのカードを愛用していたそうです。元リクルートの森村稔さんは千円札大のカードを30枚くらい財布に入れて持ち歩いていました。

「**ノート派**」のノンフィクション作家の柳田邦男さんは、スパイラルノートの右側だけを使い、左側は後で追加のために空けておいたそうです。また、料理店案内人としても著名な山本益博さんは、20歳のころから料理名が書かれた領収書を大学ノートに貼っています。

2 情報メモの上手な作成法と整理のコツ

情報や発想のメモを上手にまとめるには、4つポイントがあります。

(1)即座にメモをとる：元国立民族学博物館長の梅棹忠夫さんは情報整理学ブームの張本人。自宅の全部屋にカードとボールペンを置いていました。

(2)1項目を1枚に書く：1項目を1枚に書きます。上にタイトルを記入し、裏には何も書き込まないほうが、貼って整理する時に便利です。

(3)日付と情報源を記入する：メモには情報源と日付を書きましょう。

(4)常に整理と分類をする：メモは、週なり月なり決めて、整理します。阿久さんは、カード・メモを日記にして、黒のマーカーで気になったことを、赤のマーカーでヒントやアイデアをまとめたそうです。

私は、7.5cm平方のポスト・イットをいつも持ち歩いています。人の話も、着想もすべてそこに書きます。月2回くらい整理し、必要なものは手帳やA4ノートに貼り、残りは捨てます。

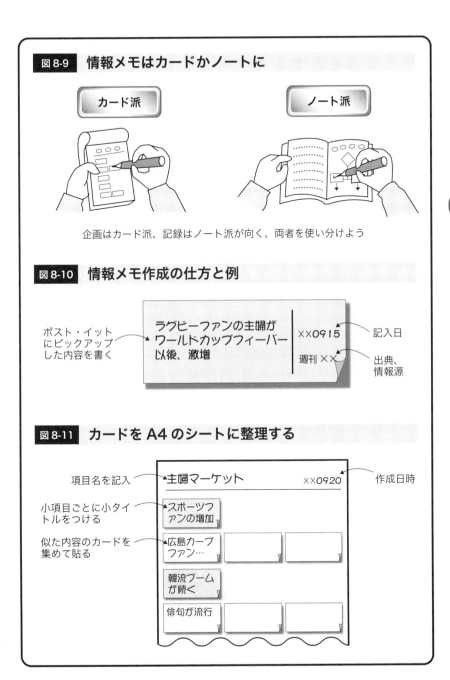

第8章 発想からプレゼンまでの「企画ステップ成功術」

8.5 オリエンテーションから 企画書作成までのポイント

　企画の提案を上手に行うためには、オリエンテーション→企画書→プレゼンテーションの企画全体の流れをよく理解することが大切です。

1　オリエンテーションは「あいうえお」でしっかり把握する

　あらゆる企画はオリエンテーションから始まります。私はオリエンテーションのポイントを「あいうえお」と考えます。

①**あ(相手)**：企画提案の依頼者がどんな人か、よく調べます。

②**い(意図)**：依頼者が何を望んでいるか、その真の意図をとらえます。

③**う(うちへの期待)**：依頼者のうち(当方)への期待は何か、確認します。

④**え(エリア)**：提案内容はどの範囲(エリア)なのかを、押さえます。

⑤**お(お金)**：企画はどの程度の予算(お金)で実施するかを、調べます。

　まず、オリエンテーションで課題を明確にし、提案の方向を考えます。

2　企画書は「かきくけこ」でじっくり作成する

　企画書はオリエンテーションでとらえた相手の意図を十分反映させ、「かきくけこ」のポイントで、**明確に具体的にまとめることが大切**です。

①**か(型)**：企画書には基本のフォームがあります。載せるべき内容を、漏れなく、わかりやすく、明解に表現することが大切です。

②**き(切り口)**：主張すべき内容を、鋭い切り口で展開します。

③**く(工夫)**：さまざまな創意工夫を盛り込むことが、欠かせません。

④**け(系統)**：企画書は全体として、論理的で系統立たせましょう。

⑤**こ(凝る)**：企画書は作成者の産物です。独自性が問われます。

　企画書は、"一人歩き"をします。プレゼンテーションをせず、企画書だけでの判断も多く、企画書さえ読めば理解できる工夫が必要です。

図8-12 オリエンテーションは「あいうえお」

①**あ**（相手）＝企画の意思決定者は誰か、相手の人柄を
　　　　　　　よく分析し対策を立てる
②**い**（意図）＝真の課題、隠された意図は何かを探り、
　　　　　　　依頼者の望みを明確化する
③**う**（うちへの期待）＝うち（当方）に対して何を期待し
　　　　　　　ているか、当方の立ち位置を把握する
④**え**（エリア）＝依頼されている企画内容の範囲（エリア）
　　　　　　　は構想だけか具体策までかを確認する
⑤**お**（お金）＝企画予算は、実施予算はなど、どの程度
　　　　　　　の予算が組まれているか把握する

図8-13 企画書は「かきくけこ」

①**か**（型）＝企画書はフォーム化しておくと便利、記入
　　　　　　漏れがなくなる
②**き**（切り口）＝訴求点を明確にし、そのポイントを企
　　　　　　画書に明示する
③**く**（工夫）＝企画書は創意工夫をし、アイデアをたっ
　　　　　　ぷり盛り込んでまとめる
④**け**（系統）＝企画全体に筋が通るよう考え、相手を納
　　　　　　得させる論理展開をする
⑤**こ**（凝る）＝自分なりの個性を盛り込み、自分独自の
　　　　　　企画書になるよう工夫する

第8章　発想からプレゼンまでの「企画ステップ成功術」

8.6
企画をプレゼンテーションで
ガッチリ通す秘策

1　プレゼンは事前、本番、事後をしっかり行うことが大切

プレゼンテーションでの事前、本番、事後の注意点を説明します。

(1)事前準備：あるテレビディレクターは、会議の前に必ずキーパーソンを調べておき、本番ではその人だけを見つめて話すといいます。説得のねらい、相手に望むことを事前にまとめておきましょう。

　会場と機材を確認し十分にリハーサルし、発表チームの役割分担（発表者、資料配布者、機材担当者、タイムキーパーなど）を決めます。

(2)本番：ポイントは次頁にまとめましたが、配布用素材は先に配ると皆読むのに気をとられ、発表者を見ないので、発表後に配ります。

(3)事後：プレゼンの場で、相手が提案に即イエスはまずないでしょう。提案に対する相手の反応を探るのが後作業です。後作業では企画の最終採用に向け、プレゼンの直後に提案を振り返り、修正や追加をスピーディーに行い、いつでも対応できるよう準備しましょう。

2　プレゼン本番は「さしすせそ」でバッチリ行う

プレゼンのポイントを、私は「さしすせそ」でまとめています。

①**さ(触り)**：提案のポイント(触り)を明示し、繰り返し話します。

②**し(仕掛け)**：パワポなどプレゼンツールを効果的に活用します。

③**す(筋道)**：シナリオを筋道立ててつくり、論理立てて話します。

④**せ(説得)**：専門力でプレゼンし、信頼性の向上めざして説得します。

⑤**そ(即応)**：本番ではアドリブも入れ、質問にも即答します。

　プレゼンは自己紹介、全体説明、部分解説、全体再確認の順番で、前を向き、目線を配り、ジェスチャーも入れながら大きめの声で話します。

図 8-14 プレゼンの事前準備

①プレゼン・シナリオを綿密に起承転結で構成する
②参加者を確認し、相手の特性をよく調べる
③会場・機器・時間をよく確認する
④プレゼンツール、配布物やパネルなどを点検する
⑤事前のリハーサルを入念に行う
⑥プレゼン・メンバーの役割分担を確認する

図 8-15 プレゼンは「さしすせそ」

①さ(触り)＝提案のポイント(触り)をしっかり話す
②し(仕掛け)＝プレゼンツール・パネル・資料など仕
　　　　　　掛けを充実する
③す(筋道)＝シナリオもプレゼンも論理的にし、筋道
　　　　　　を立てる
④せ(説得)＝専門力とプレゼン力で相手を説得する
⑤そ(即応)＝アドリブや質問への即答などで対応する

図 8-16 プレゼンターは「たちつてと」

①た(立居)＝姿勢を正し、服装にも気を配る
②ち(緻密)＝具体例や数字などで細かく説明する
③つ(突込)＝訴求点を相手の興味に合わせ、鋭い突っ
　　　　　　込みを入れる
④て(テンポ)＝相手に合わせた話のテンポで進行し、
　　　　　　　発声にも気を配る
⑤と(トーク)＝相手に合ったトークの仕方を工夫する

第8章　発想からプレゼンまでの「企画ステップ成功術」

第 9 章

創造的問題解決ができる
「人と企業の創り方」

　「創造型人間」にはどんな能力が不可欠か、またどんな人脈が必要か。そして集団での創造にはどんな条件やリーダー、メンバーが大切か。また「創造型組織」になるにはどうすればよいか、どんな施策が重要かなど、創造型の人間と組織にスポットを当てます。

　本章で論じた創造型の人間と組織のあり方をもとに、あなた自身やあなたの所属する組織の変革を考えていただければと思います。

9.1
創造型人間は「＋（プラス）タイプ」で「四考力」をもつ

1 創造型人間になるには「＋（プラス）タイプ」をめざせ

　以前は理想の社員像を**「Tタイプ」**と呼んでいました。横棒は「教養」、縦棒は「専門」で、この２力が大切というわけです。しかし、私は現代ではこれに２力を加え、**「＋タイプ」**にすべきだと思います(図9-1)。

　＋タイプの横棒の左側は「専門力」、右側は「教養力」です。そして縦棒の下側は「人間力」、上側を「創造力」とします。いずれも現代の企業が強く求めている能力です。

　「人間力」は、特に若者に企業が最も求めている能力です。またこれからは、「教養や専門性」を駆使し、自ら考え「創造力」を発揮する自頭人間が求められます。もちろん、これに加え、パソコンなどのICT能力、それに英語力など語学力も欠かせません。

2 創造型人間は「思考力」と「四考力」をもつ

　創造にはもちろん「思考力」が大切です。しかし私はそれにもう１つ「四考力」を付け加えるべきだと考えます。四考とは「足考」「心考」「手考」「口考」の４つを指します。

①**足考**：足を使いさまざまな現場に行く。「百聞は一見にしかず」です。

②**心考**：多様な情報に敏感になる。重要情報にピーンとくる力を養う。

③**手考**：気になる情報は即メモ、パソコンで情報収集するなど手を使う。

④**口考**：発想を人に話して発展させる。人との会話交流を重視する。

　このように創造型人間になるには、自分の思考力、五感、体力それに心などあらゆる器官を動員するべきです。創造型人間は問題を思考し、企画し、相手を説得し、実行に移さなければならないからです。

146

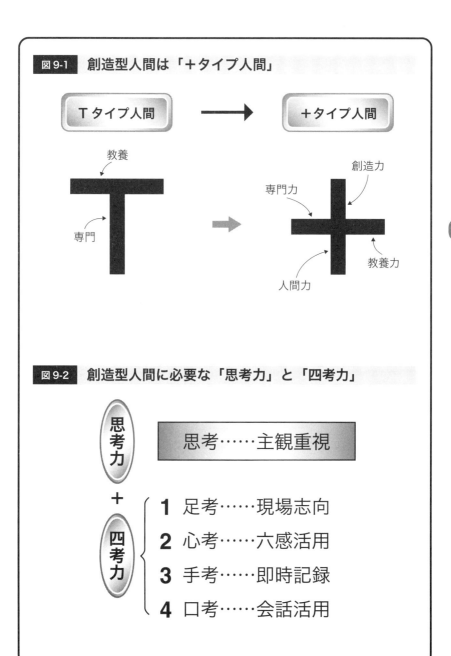

第9章 創造的問題解決ができる「人と企業の創り方」

9.2
創造型人間になるには
人脈を広げ、生情報を集める

①　人脈の情報ネットワークを広げ、生情報を集めよう

創造型人間は、常に新たな情報人脈を広げている人といえます。

　NHK が 2018 年に行った「情報とメディア利用の調査」では、「今の社会は情報が多すぎる」という人が全体の 8 割以上いました。

　あらゆる情報は、オリジナルな 1 次情報から、2 次、3 次と発生源から遠ざかるほど、歪められたり、誇張されたりと変化します。そこで私たちは、なるべく第 1 次の生情報を手に入れる努力をするべきです。

　そのためには、人脈づくりが不可欠です。友人の新聞記者は、取材先の受付の女性が、その企業の最大の情報源だといっています。

　知人の家庭用品メーカーの開発者は、もっぱら奥さんや子どもが情報源といいます。学生時代の同級生もすばらしい情報源といえます。

②　創造型人間は、異質な仲間づくりが得意

職場の仲間もいいですが、いつもの仲間より、異分野、異年齢、異性の異質な仲間のほうが、有益な情報と異質な着想を手に入れられます。

　小説家の西村寿行さんは、新宿の仕事場で、毎晩 6 時ともなると編集者、秘書、知人など 5、6 人とワイワイ酒をくみかわし、小説のストーリーを語ったり、型破りな話をしていたそうです。これが西村さんの発想のあたため時間になっていたことに疑いはないでしょう。

　私は多くの研究会に参加しています。「ビジョン研究会」では日本のトップ経営者や政治家と出会えます。「人を集める研究会」では第一線の企業人や研究者と話し合えます。「創造学会」では創造学の学者たちと話せます。ぜひ、さまざまな研究会に参加することをお勧めします。

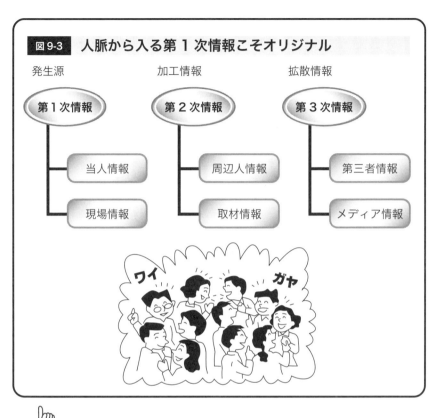

☞ワンポイント　「人脈の情報ネットを広げる専門と生活ネット」

　幅広い人脈の情報ネットをもっていると、いざという時に大変役立ちます。人脈の情報ネットは、基盤になる生活ネットと、仕事に絡んだ専門ネットとに分かれます。生活ネットとは、家族や友人、近所の人など自分の身近な人間関係をさします。

　一方、専門ネットは、あなたの社内、会社周辺、そしてその道のプロに至るまで多彩な人が含まれます。

　幅広い人脈の情報ネットをつくるため、見知らぬ人にもネットを広げるコツは、まず知り合うチャンスをつくることです。

　今はメールという便利な道具があるので、どうしても知り合いたい人には真剣にアクセスすれば、かなりの確率で返事をもらえるものです。ただし、しつこいのは禁物です。

9.3 集団創造を成功させる「5つの条件」

日本では集団活動による創造が成功を収めています。集団創造が成功するためには最低限、次の5つの条件を満たすことが欠かせません。

 集団創造を成功させる5つの条件

(1) 課題が切実で明確なテーマである

課題が切実で明確、そして全員がそれをよく理解していることが大切です。目標達成の基準は、実力に比べて120%にするのが理想です。

(2) 創造的なリーダーがいる

成功の鍵はリーダーが握っています。上手にメンバーをリードできるのは当然ですが、各メンバーが得意な場面は各人にリーダーシップを発揮させるよう仕向けられる「ファシリテータ型リーダー」なら最高です。

(3) やる気と能力があるメンバーがいる

メンバーにはやる気と能力があり、専門が異なる人を集めましょう。アメリカの著名な社会心理学者 D・ペルツと F・アンドリューらは科学技術者の組織行動研究で、「興味や動機づけは同じで、発想や仕事のやり方が異なる同僚と組むと、よい業績を残す」と結論づけています。

(4) 仕事本位のチームワークがとれている

「オバQ」の藤子不二雄ペアは映画好き、小学校の同級生、漫画家志望は共通です。一方、性格は正反対で安孫子素雄さんは行動派、藤本弘さんは読書派、興味は同じでやり方が異なるチームワークの典型例です。

(5) チームの運営法が確立している

問題解決技法を活用したり、ネットで情報交換したりして、共有の情報ファイルを作り全員が情報を共有化します。「うちのチームの運営法はこれ」というものを確立しましょう。

図9-4 集団創造の「5つの条件」とポイント

1 課題が切実で明確なテーマである

テーマは具体的に絞り込まれたものが大切です。そしてメンバー全員がやる気を出せる明確な目標が掲げられたものであることが必要です。

2 創造的なリーダーがいる

メンバーのやる気を引き出して、尊敬され、全員をリードする人材が求められます。そして、重大場面で決断できる人材が欠かせません。

3 やる気と能力があるメンバーがいる

メンバーには高いモチベーションが望まれます。そして、自らの専門を活かし、チームメンバーを巻き込む力と高度な共創力が不可欠です。

4 仕事本位のチームワークがとれている

チームワークの向上には、リーダーのリーダーシップと、メンバーが意見を出し合い最終目標に向け合意形成する意識が大切です。

5 チームの運営法が確立している

プロジェクトの遂行にはチームの運営法の確立が求められます。問題解決の手順や技法、チームワークの進め方など、全員が理解して活用することが欠かせません。

9.4
集団創造チームに欠かせない 「リーダーとメンバーの条件」

集団創造のためには、創造的なリーダーとメンバーが欠かせません。それぞれの条件を考えてみましょう。

1 創造的チームのリーダーに必要な「8つの条件」

創造的リーダーには次の8つの条件が欠かせません。

①**課題発見力**：何が課題か見つけ出し、明確に定義づける力。

②**ゼネラリスト**：幅広い教養があり、できればユーモアのある人。

③**スペシャリスト(2専門)**：なるべく専門分野が2つ以上。

④**公平な指導力**：全員を公平に扱え、リーダーシップのある人。

⑤**創造力と論理力**：課題を創造的に考えられ、論理で説得できる人。

⑥**問題解決力と実績**：問題解決を実践してきた実績のある人。

⑦**判断力**：決定する時、的確な判断力と、決断力を有する人。

⑧**あくなき執念**：最後まであきらめない集中力と執念のもち主。

この8条件を満たすリーダーを見つけるのはなかなか困難です。しかし、プロジェクト成功の鍵の8割はリーダーが握っています。

2 創造的チームのメンバーに不可欠な「5つの条件」

チームメンバーには次の5つの条件が欠かせません。

①**課題意識**：課題をいつも意識し、情報収集に熱心である。

②**熱意**：積極性・バイタリティのもち主で、やる気がある人。

③**専門力**：自分の専門に関して自信と能力をもっている。

④**非上下関係**：全メンバーは平等と考え、上下意識のない人。

⑤**信頼感**：仲間たちとの間に、信頼感が心底にある。

こんなメンバーを選べば、プロジェクトの成功は間違いなしです。

図9-5　創造的チームのリーダーに必要な「8つの条件」

1. 情報に敏感で、「課題を発見」できる
2. 広い常識をもつ「ゼネラリスト」
3. 専門分野を2つはもつ「スペシャリスト」
4. メンバーと「公平」に接し、「指導力」がある
5. 豊かな「創造力」「論理力」をもつ
6. 「問題解決力と実績」が抜群である
7. 的確でスピーディな「判断力」をもつ
8. 最後まで「あくなき執念」を燃やす

図9-6　創造的チームのメンバーに必要な「5つの条件」

1. 共通の目的と「課題」を強く意識している
2. 「熱意」があり、何事にも積極的である
3. 「専門力」をもつ、異質の組合せである
4. 全メンバーが、「非上下関係」である
5. 「信頼」し、尊敬し合えるメンバーである

第9章　創造的問題解決ができる「人と企業の創り方」

9.5
創造型企業に変革させる 「CREATE の 6 つの条件」

1 創造型企業にする 「CREATE の 6 つの条件」

企業が創造型企業となるには CREATE の条件が大切です。

① **Change Agent（変革者）**：変革者を発見・育成・支援する。

② **Reason（創造の理念）**：組織として創造を重視する理念を掲げる。

③ **Environment（創造的環境）**：組織風土を創造性重視の環境にする。

④ **Aim（明確な目標）**：変革の達成目標を具体的に明確に示す。

⑤ **Technology（創造的技術）**：創造的な集団運営技法を活用する。

⑥ **Energy（革新への情熱）**：あくなき情熱で変革を継続し続ける。

組織の創造革新には、この 6 つの条件が欠かせません。

2 旭山動物園とクラゲ水族館の CREATE の実際

旭山動物園は 1996 年度に入場者が 26 万人まで落ち込みました。それを小菅館長が中心になり、動物の行動をそのまま見せる「行動展示」を実施すると、2007 年度は 307 万人が入場しました。加茂水族館も 1997 年度は 9 万人に落ち込みましたが、村上館長たちがクラゲに目をつけ、80 種のクラゲを展示、クラゲ料理の提供などでクラゲ館ドリームにし、2018 年度には 60 万人と V 字回復しました。

CREATE の条件から見ると、「**変革者**」は両館長であり、「**創造の理念**」を行動展示やクラゲ特化にまとめ、No.2 の坂東さんや奥泉さんなど部下に任せる「**創造的環境**」を創りました。また、市長に改革の「**明確な目標**」を示し、予算を出させ、独創的な館づくりを「**創造的技術**」で推進しました。そして、あくなき「**革新への情熱**」で、両館とも大ブレイクしたのです。

図9-7　創造型企業にする「CREATEの6つの条件」

Change Agent ―――――― 変革者
Reason ―――――――― 創造の理念
Environment ――――――― 創造的環境
Aim ――――――――― 明確な目標
Technology ――――――― 創造的技術
Energy ―――――――― 革新への情熱

（出典）左上および中央の写真は旭川市フォトライブラリーWebページより旭山動物園のものを転載

第9章　創造的問題解決ができる「人と企業の創り方」

9.6
創造型企業は「創造性開発」を重視する

1 企業は社員の創造性開発を重視せよ

「人は本来意欲的で創造的な存在だ」という人間観は、アメリカでのメイヨーらのホーソン工場の実験から誕生しました。この実験では作業所の照明を漸次落としたのに、予測に反し作業効率が向上したのです。理由は、工員たちの「われわれは選ばれた特別の人間なんだ」という意識でした。以来、アメリカでは人間重視の経営や創造性の開発は多様な組織で多彩に実践されてきました。

日本の創造性開発は社員全体の創造性を伸ばす、自己実現型でした。**しかし、独創企業になるには、全社員の創造性開発とともに、独創的人材の選択と育成など、全社にわたる戦略的な創造性開発が必要です。**

2 日本企業の創造性開発の諸施策

創造性開発の代表的な施策を、図9-9にあげます。

「**社内競合チーム制**」では、インテルは数年後の商品開発を社内の3チーム競合で行いました。キリンの「一番搾り」開発の時もそうでした。

「**緊急プロジェクト制**」を行うシャープは、全社から人材を集め、選ばれたメンバーは役員と同等の資格で仕事に当たらせました。

「**プロジェクトリーダーを外部からも募集**」するプロジェクト運営はミスミです。任天堂は、企画開発のみ行う「**ファブレス経営**」です。

「**特別報奨制度**」も多くの企業が取り入れています。今や優秀な特許取得の技術者には、報酬額の上限を無制限にする会社が増えています。

「**失敗大賞**」は富山の電源開発会社コーセルが始め、車のマツダも実施しています。チャレンジを重視するこの姿勢こそ創造企業といえます。

「**テレワーク制度**」など働き方を自由にする企業も増えています。

図9-8　企業の経営理論の変遷

1 統制中心の経営管理　　テーラーの科学的管理法など、効率至上の管理法

2 人間中心論の台頭　　人間中心の経営論（ホーソン工場の実験など）

3 計画中心の経営管理　　統計などを駆使した計画的経営

4 創造主義のマネジメント　人間の創造性を尊重した総合的マネジメント

図9-9　日本企業の創造性開発の施策例

1 企業全体として
社是・社訓に「創造」や「独創」の提示
成果型人事制度（年俸制、成果型賃金など）
マトリックス組織・フラット組織
分社化・独立事業部制・ファブレス経営
社内トレード制（FA制度）
社内競合チーム制・緊急プロジェクト制

2 小集団対象には
プロジェクトチーム制
QCサークル活動／提案小集団活動
チーム別目標管理制度
ハッカリン／アイデアソン

3 個人対象には
フレックスタイム制（自由出勤）
テレワーク制度／在宅ワーク制度
創造性教育／選抜育成教育／提案制度
ブラブラ社員制度（一定期間自由に研究）
15%ルール（全時間の15%は個人の時間）
CDP（キャリア開発プログラム）
自己申告制度／個人別目標管理制度
特別報奨制度／失敗大賞（失敗社員の表彰）
社員の起業支援・兼業の容認

第9章　創造的問題解決ができる「人と企業の創り方」

〔参考文献〕

- 『新・管理者の判断力』(ケプナー&トリゴー著、上野一郎監訳、産業能率大学出版部)
- 『創造の心理』(穐山貞登著、誠信書房)
- 『技術予測』(マービン・J・セトロン著、寺崎・東訳、産業能率大学出版部)
- 『創造の理論と方法』(日本創造学会編、共立出版)
- 『創造的人間』(A・H・マスロー著、佐藤三郎・佐藤全弘訳、誠信書房)
- 『新編 創造力事典』(髙橋誠編著、日科技連出版社)
- 『問題解決手法の知識』(髙橋誠著、日本経済新聞社)
- 『会議の進め方』(髙橋誠著、日本経済新聞社)
- 『独創力を伸ばせ』(A・F・オズボーン著、上野一郎訳、ダイヤモンド社)
- 『創造開発技法ハンドブック』(髙橋誠監修・編著、日本ビジネスレポート)
- 『企画書の書き方が面白いほどわかる本』(髙橋誠著、中経出版)
- 『アイデアが面白いほど出てくる本』(髙橋誠著、中経出版)
- 『イラストでわかる 仕事ができる人の問題解決の技術』(髙橋誠著、東洋経済新報社)
- 『ブレインライティング』(髙橋誠著、東洋経済新報社)
- 『独創性の開発とその技法』(上野陽一著、技報堂)
- 『企画力をつける』(髙橋誠著、日本経済新聞社)
- 『新商品開発技法ハンドブック』(髙橋誠監修・編著、日本ビジネスレポート)
- 『シネクティクス』(W・J・J・ゴードン著、大鹿・金野訳、ラテイス)
- 『ひらめきの法則』(髙橋誠著、日本経済新聞出版社)
- 『経営の知恵』(上野一郎著、六興出版)
- 『NM法のすべて』(中山正和著、産業能率大学出版部)
- 『KJ法―混沌をして語らしめる』(川喜田二郎著、中央公論新社)
- 『パーティー学』(川喜田二郎著、社会思想社)
- 『続・発想法』(川喜田二郎著、中央公論新社)
- 『速攻! ビジネス発想法』(髙橋誠著、日本経済新聞社)
- 『頭脳開発』(カール・E・グレゴリー著、松平誠訳、産業能率大学出版部)
- 『現場のQCテキスト 手法編』(石原勝吉著、日科技連出版社)
- 『PERTの知識』(加藤昭吉著、日本経済新聞社)
- 『理想システム設計』(G・ナドラー著、吉谷竜一訳、東洋経済新報社)
- 『ワークデザイン技法』(吉谷竜一著、日刊工業新聞社)
- 『システム設計』(吉谷竜一著、日本経済新聞社)
- 「ブリッジ法」(長谷川洋、『推進者』1976年10月号)
- 『ベストセラーネーミングの技術』(髙橋誠編著、中経出版)
- 『創造の諸型』(日本創造学会編、共立出版)
- 『入門 企画会議のすすめ方』(髙橋誠著、日本能率協会マネジメントセンター)
- 『マネジメント思想の発展系譜』(上野一郎著、日本能率協会マネジメントセンター)
- 『創造の行動科学』(D・C・ペルツ&F・M・アンドリュース著、兼子宙監訳、ダイヤモンド社)
- 『マーケティング・トランスファー 8つの法則』(㈱読売広告社&㈶ハイライフ研究所著、髙橋誠監修、宣伝会議)

[著者紹介]

髙橋　誠(たかはし　まこと)　　教育学博士

　創造戦略コンサルタントの㈱創造開発研究所代表、一般社団法人日本起業アイディア実現プロジェクト理事長、NPO法人エコリテラシー協会理事長、日本創造学会評議員長(元理事長・元会長)、日本教育大学院大学名誉教授。静岡県静岡市(旧清水市)生まれ。東京教育大学心理学科卒、筑波大学大学院(カウンセリング専攻・修士課程)修了。東洋大学大学院(博士課程)修了、博士(教育学)取得。日本の創造性開発の研究・実践の第一人者として20万人以上に講演や講義を実施。

　電通、日本テレビで創造性研修を始めて以来、企業戦略・商品開発・マーケティング・ネーミング等の企画開発を多数実施。また人事制度、採用・能力開発などのコンサルティング・企業教育等をNEC、日本生命、キリンビール、トヨタ自動車、日産自動車、日本航空、ブリヂストンなどで行う。人事院・国土交通省や神奈川県庁、中小企業大学校などの行政組織や筑波大学、慶應義塾大学、法政大学、東洋大学など多数の大学でも講義。実践的でわかりやすい指導に定評がある。

　主な著書に『問題解決手法の知識』、『会議の進め方』、『企画力をつける』、『ひらめきの法則』(ともに日本経済新聞出版社)、『発想の瞬間』、『最新のネーミング強化書』(ともにPHP研究所)、『企画書の書き方が面白いほどわかる本』、『アイデアが面白いほど出てくる本』(ともに中経出版)、『仕事ができる人の問題解決の技術』『ブレインライティング』(ともに東洋経済新報社)他、計31冊。

　編著書は『新編　創造力事典』、『共立(ともだち)夫婦』(ともに日科技連出版社)、『創造開発技法ハンドブック』、『教育研修技法ハンドブック』、『新商品開発技法ハンドブック』、『マーケティング技法ハンドブック』、『コストダウン技法ハンドブック』(ともに日本ビジネスレポート)、『マーケティング・トランスファー8つの法則』(宣伝会議)、『団塊家族』(PHP研究所)他、計20冊。

　共著は『商品復活のマーケティングシステム』(PHP研究所)、『プレゼンテーション"プレゼンを企画する"』(共立出版)、『論理的なのにできない人の法則』(日本経済新聞出版社)、他、計26冊。中国、韓国、台湾、タイなどでの翻訳出版が19冊。

[図解！　解決力：改訂改題]

わかる！　できる！　図解　問題解決の技法

2006年4月18日　　第1刷発行
2009年2月20日　　第2刷発行
2019年9月26日　　改訂改題第1刷発行

検　印
省　略

著　者　髙　橋　　　誠
発行人　戸　羽　節　文

発行所　株式会社　日科技連出版社
〒151-0051　東京都渋谷区千駄ケ谷5-15-5
DSビル
電話　出版　03-5379-1244
　　　営業　03-5379-1238

Printed in Japan

印刷・製本　㈱中央美術研究所

ⓒMakoto Takahashi 2006, 2019
ISBN 978-4-8171-9677-4

URL http://www.juse-p.co.jp/

本書の全部または一部を無断で複写複製(コピー)することは、著作権法上での例外を除き、禁じられています。